A l'ami le frère
JJJ le grand
l'unique, le magique
Jean Joseph
toi é moralement
en Amitié
dans l'espoir

que "BIEN RÉEL LE SURNATUREL,
ET POURTANT…"

te ravira autant
que nos rencontres me ravissent !
que toi, qui ne manque pas
d'esprit trouve ici
un formidable compagnonnage
Merci encore pour
ce rayonnement, cette
flamboyance qui m'irradient
Très fraternellement

Marc MENANT/Serge TRIBOLET

Bien réel le surnaturel, et pourtant…

Alphée
JEAN-PAUL BERTRAND

Des mêmes auteurs

Marc Menant

Romans

Les Mercenaires de la mer, France Empire, 1981.
L'Argent cannibale, France Empire, 1982.
Le Cœur à vivre, Ramsay, 1984.
Un Homme honorable, La Table Ronde, 1986.
Haine d'amour, Denoël, 1989.
L'Enfer de Dieu, Denoël, 1995.
Mes Divines Débauches, Éditions du Rocher, 2007.

Essais

J'ai vécu le surnaturel, Éditions n°1, 1981.
La médecine nous tue, Éditions du Rocher, 2008.

Serge Tribolet

Plotin et Lacan, la question du sujet, éditions Beauchesme, 2008.
Freud, Lacan, Dolto, enfin expliqués,
éditions L'Esprit du Temps, 2008.
L'abus de psy nuit à la santé, éditions du Cherche Midi,
sélection Fnac 2007.
La Folie, un bienfait pour l'humanité, éditions de santé, 2004.
Anthologie du rire, avec Grégoire Mabille, éditions de santé, 2004

Pour dialoguer avec les auteurs :

www.marcmenant.fr

www.sergetribolet.com.

www.editions-alphee.com

EAN : 978 2 7538 0497 5

À Alexandra et Élodie.

Face

D'EMBLÉE sous les auspices du hasard ce livre à quatre mains sur le surnaturel ! **PILE**, à Serge l'amorçage de plume, **FACE**, à Marc… Et hop, aux cabrioles dans les airs la pièce… la main droite dans une fulgurance de cobra chope l'euro et l'abat sur le revers de la main gauche : **FACE** ! Moi, le journaliste, l'élu du sort !

Mystère du déclenchement du cerveau, – est-ce cela que l'on nomme inspiration ? –, toujours est-il que, tel un mascaret, une pensée me submerge, incontrôlable donc, me voici à vous la consigner dans une précipitation de secrétaire, vulgaire robot de ma matière grise, moi, toutefois, la spontanéité n'implique pas la surprise d'une idée inattendue, mon intime conviction qui jaillit sous la plume :

Vive Voltaire, Diderot, d'Alembert et leurs compères des Lumières ! Eux, les révolutionnaires authentiques, les libérateurs de la pensée, les pères de la liberté ! Indispensable en préambule de notre sujet, de rappeler qu'avant eux, l'humanité croupissait dans l'obscurantisme régentée aux croyances et aux superstitions, d'abord, sous le joug du monde invisible, gnomes, fées, elfes, toute la cohorte lilliputienne à laquelle s'ajoutaient, plus tyranniques encore, les esprits en errance des défunts, les uns, les autres, cajolés aux offrandes dans l'espoir de décrocher leur influence bénéfique ou maléfique. Puis, les dieux s'accaparèrent l'empyrée et instaurèrent l'idolâtrie aux sacrifices, macabre guignol qui sera à son tour berlingué par la révélation du Créateur. Grand temps qu'Il se manifeste, le Tout-Puissant, l'espèce humaine bien que créée à son image se corrompait aux lubriques batifolages, pour échapper à cette épouvantable indignité de bête, qu'une voie : la dévotion par soumission drastique à la loi ! Intransigeant sur l'exigence le Seigneur, punit aux emmerdes le moindre fléchissement à la Foi et, quand l'anémie de ferveur gangrène un trop grand nombre, Il n'hésite pas, déclenche une calamité : séisme, sécheresse, inondation, cyclone, famine, épidémie… Rédemptrice, la souffrance, comme l'enseigne le sacrifice du fils ! Pour adoucir le Père, l'espèce s'affaisse en prosternations, messes, prières, confessions et, ultime recours : la procession ! Routine, au Moyen Âge, cette mobilisation de masse, nobles et populace en limacent derrière le curé un jour sur trois, unis en baveuses jérémiades. Odieux, l'asservissement aux divines superstitions pour Voltaire et ses pairs, haro sur l'Église et ses rituels magiques, n'assassinent pas Dieu pour autant, l'estiment juste indifférent au quotidien du monde, d'ailleurs, Voltaire, le chantre de la laïcité, dans les dix dernières années de sa vie ne radine pas l'éloge sur le grand horloger, écarquillez les prunelles du seigneur de Ferney, les extraits :

> « Il y a un être suprême, éternel, intelligent d'où découlent tous les êtres et toutes les manières d'être dans l'étendue s'ensuit-il que la matière s'organise elle-même, se donne elle-même le pouvoir de raisonner, celui de sentir les plaisirs et de la douleur ? Il faut que les athées conviennent qu'il y a dans la nature un principe agissant, intelligent, nécessaire,

éternel et que c'est de ce principe que vient ce que nous appelons le bien et le mal. »

Quel enthousiasme, digne de la ferveur du cul-bénit, mais attention, point de confusion, ne retombe pas dans l'obscurantisme, Voltaire, ne rallie pas non plus les chimères de la survie après la mort :

> « Nous sommes des machines produites de tout temps les unes après les autres par l'éternel géomètre… On a crié partout l'âme ! L'âme ! Sans avoir la plus légère notion de ce qu'on prononçait… On n'en a fait un petit corps, un souffle qui n'est point air et de ce mot souffle, qui veut dire esprit en plus d'une langue, on a fait un je-ne-sais-quoi qui n'est rien du tout… »

Authentique sentence la conclusion : sornettes l'empyrée ! Comme tous les éléments de la nature voués à l'éparpillement aux atomes, l'homme ! Quelle jubilation cette victoire de la raison sur les dégradantes superstitions mais à l'ultime moment, l'effroi du néant effondra net l'implacable argumentation du maître et le bel esprit en panique racola la soutane pour un rabibochage à la sauvette en catimini, avec le Père Tout-Puissant. Trop terrifiante, la finalité en régalade des asticots !

Rarement évoquée la conversion *in extremis* du seigneur de Verney, tout comme ses écrits sur la prééminence Céleste à toute chose, qu'une image a doré pour sa postérité : celle de l'iconoclaste, inflexible pourfendeur des religions ! Pourtant, de nos jours, les deux vérités peuvent être exposées sans risque pour le mythe ; car, par dévoiement du principe de tolérance, la foi a reconquis la respectabilité au point que la loi menace d'emprisonnement l'auteur d'un blasphème, serait de ceux-là Voltaire, pour son *Zadig* ; Molière, lui, pour *Le Bourgeois gentilhomme* ; Beaumarchais, pour son Figaro ; Mozart..., scélérate la loi, qui viole celle de juillet 1881, ô combien vénérable, qui elle, accordait pour la première fois de l'histoire la totale liberté de la presse. Quelle aubaine pour l'intelligence les plumes en voltes d'audace, flambent la une des journaux à la satyre anticléricale avec une virulence, une créativité, intolérables aux tenants du consensus mou d'aujourd'hui. Provocation revigorante les caricatures de la Troisième République ! Du salé ! Imaginez des moines robes de bure retroussées en liturgie frénétique avec des nonnes qu'ils catapultent en pâmoison, ou encore, un sans-culotte au propre et au figuré se torchant avec les pages du bréviaire du Pape ! Quelle malice a conduit au sabordement de ce salutaire souffle libertaire ? Lèpre de l'intelligence le repli à l'autocensure, au nom du pseudo-respect d'autrui germe les communautarismes aux dépens de l'égalité républicaine pour tous, femmes, comme toujours, les victimes, certaines en perdent jusqu'au droit – voire au goût – de se vêtir selon leur fantaisie. Motus ! Critiques et satyres interdites sous peine d'être ravalé raciste alors que les races n'existent pas et que le combat pour la liberté, par essence universelle, n'a pour seul objectif que de débarrasser les crânes de tous les dogmes – religieux, politiques, et même des traditions, avilissement les dogmes, embrigadent panurge les individus, imposture, ce principe de la tolérance qui restaure la toute puissance du religieux, crapuleuse déviance tout le contraire la tolérance, exprime la capacité de chacun à accepter la moquerie de ses croyances et comportements !

Dans notre société appauvrie au conformisme, seuls les originaux inclassables selon les différences acceptées par la norme, excellent à l'application de la tolérance authentique. Pourtant, bien fielleux les sarcasmes sur leur compte par rattrapages de frustration, relèvent même de l'outrage les poilades, qu'importe, personne ne s'offusque, indispensables leurs cas pour nourrir les crises de rires ! Dans l'échantillon des prétextes à l'esclaffade générale, rien ne vaut le témoignage d'un phénomène surnaturel, si affligeante, dégradante, la croyance ou la simple curiosité pour le paranormal, que les livres d'histoire en occultent des faits sociaux pourtant révélateurs des mentalités qui gouvernaient les ancêtres, ainsi le druidisme, les expériences alchimistes de Newton, Kepler, Mesmer et son magnétisme animal, la flambée spirite du XIXe siècle, broutilles tout ça, pas de quoi être fier de l'espèce, que des balivernes heureusement bannies par les découvertes des sciences et la mise en équation de la nature.

A priori louable, la connaissance universelle, moyen radical d'éradiquer la fâcheuse attirance pour le magique qui aliène aux superstitions. On en ignore que nombre de personnages illustres, acteurs et prosélytes de l'avancée des connaissances refusèrent de circonscrire leur curiosité aux seuls domaines accessibles à la raison, pour eux, se borner aux champs d'investigations ouverts par la Science, c'était pervertir celle-ci, la travestir religion, lois érigées en dogmes ! Du joli monde au rejet de la rechute du cerveau en curiosités conditionnelles : Victor Hugo, Théophile Gautier, Alexandre Dumas, Prosper Mérimée, Goethe, Conan Doyle... et aussi des scientifiques patentés comme Camille Flammarion qui consacra une grande partie de ses recherches au paranormal ; le docteur Janet, prix Nobel de chimie, l'un des fondateurs de l'Institut Métaphysique crée dans le but d'expérimenter selon des procédures rigoureuses, indubitables, excluant toute fraude et manipulation, les phénomènes étranges, en particulier, la production d'ectoplasmes par des médiums dits à incorporation. Là encore, que du gratin aux séances, des intellectuels, autorités universitaires, hommes politiques, auxquels à plusieurs reprises se joignirent Pierre et Marie Curie, tous prodigues à relater la réalité des prodiges. Hallucination collective, raillent les sceptiques ! Commode la parade qui permet de cambrer en certitude sans écorner la réputation par trop prestigieuse des signataires des comptes rendus des réunions. Là où, la superbe des scientistes s'empêtre aux balbutiements, c'est quand vous les traînez à l'Institut et les plantez devant les vitrines des armoires où trônent des moulages en paraffine de mains aux doigts recroquevillés, surface striée par des empreintes aux phalanges et des lignes sur la paume absolument identiques à celle d'un membre réel ! À noter, que l'absence de la moindre césure, exclut l'hypothèse d'une moulure à partir d'un support, de sorte, que tout observateur marine dernier benêt à l'esquisse d'une explication !

À elle seule, cette intrigue montre que le paranormal n'est pas pure loufoquerie, que les sciences formidables voies de connaissances, rassurantes, valorisantes pour notre raison, ellipsent trop de questions. La première, fondamentale : comment le ballet des particules qui orchestre le monde engendre-t-il l'immatériel, c'est-à-dire l'intelligence mais aussi les émotions, l'intention, etc. Ne peut-on pas considérer que le surnaturel soit l'interaction de cet éthéré que l'on nomme psychisme avec la matière ? Un surnaturel laïque, donc, dépouillé des superstitions ; l'avis de Serge, psychiatre et docteur en philosophie.

Pile

LA QUESTION de l'interaction du psychisme et de la matière mais aussi toutes les autres questions que nous traitons dans ce livre, imposent quelques remarques préalables. Il ne s'agit pas de donner des réponses à la pelle comme nous donnerions du ciment afin de consolider le mur de quelques certitudes. Dans mes réflexions sur le paranormal, je ne veux pas tomber dans les travers de ceux qui traditionnellement critiquent une telle démarche. Ce sont les rationalistes, ils ne conçoivent la réalité, le monde, la vie qu'en relation avec leurs repères rationnels fondés sur les connaissances mathématiques, géométriques, physiques, biologiques et psychologiques. Pour eux, de la raison, point de salut ! Je ne veux pas non plus donner des facilités à ceux qui utiliseront ma position de psychiatre pour transformer ma pensée et dire quelques outrances en mon nom. Ce sont les obscurantistes, ils discréditent l'intelligence, ils refusent la pensée, ils rejettent la raison.

« Ni rationalistes, ni obscurantistes », telle est la devise de notre livre. Il s'agit donc de faire entendre quelque chose qui échappe à la simple raison mais qui n'exclut pas un savoir. Le surnaturel ou le paranormal sont des mots qui indiquent un dépassement des limites. Il nous faut employer les mots les plus justes pour exprimer ce qui paradoxalement échappe au langage habituel. Les personnes qui ont vécu des phénomènes étranges de type surnaturel ont non seulement des difficultés à trouver les mots adéquats pour communiquer leurs sensations, mais elles hésitent souvent à témoigner de peur d'être affublées de quelque trouble psychologique. Cette réticence est justifiée au regard de la virulence des rationalistes et de la bêtise des obscurantistes. Tout se passe dans notre société comme si le débat sur le surnaturel était confisqué par les deux seuls camps totalement incompétents en la matière : rationalistes et obscurantistes. Le comble du dérisoire est qu'ils finissent par être les mêmes. Combien de scientifiques, au nom de la raison, bafouent les règles les plus élémentaires de la démarche scientifique : modestie et curiosité. Ils bornent leur champ d'investigation aux limites de ce qu'ils proclament eux-mêmes comme étant la raison. Au nom de la raison, ils annulent le savoir, ils le déconsidèrent. Ils sont les nouveaux obscurantistes.

Pour sortir de cette impasse, il faut faire marche arrière et laisser entre eux les obscurantistes et les rationalistes. Il faut éviter toute argumentation stérile qui consisterait à traiter le surnaturel à l'aune de la science positiviste. Il faut dans un même temps rejeter le plus vigoureusement les arguments qui rejettent le bien fondé de la science. Je considère que ma formation scientifique et médicale est un atout pour la réflexion sur les choses qui dépassent la rationalité scientifique. C'est parce que j'aime la science, que je considère avec respect ce qui n'entre pas dans ses prérogatives. Reconnaître les limites de la méthodologie et de l'objectivation scientifique, ce n'est pas disqualifier la science. De la même manière, reconnaître les limites de la pensée, ce n'est pas la disqualifier. Reconnaître les limites du langage, ce n'est pas nier son efficacité.

L'important ne consiste pas à énumérer les preuves scientifiques à l'encontre du surnaturel, ni à énumérer les impasses de la science dans ses tentatives d'aborder les phénomènes inexpliqués. Il s'agit avant tout de faire entendre « quelque chose » qui s'exprime à travers les expériences dites paranormales. Il y a comme un « savoir » véhiculé par ces phénomènes étranges, ces expériences surnaturelles. Pour faire entendre ce savoir, nulle possibilité de le mettre en équation, nul besoin de chercher des axiomes ou de trouver une logique compréhensive. Pourtant quelque chose se dit qu'il nous faut entendre, un savoir s'énonce. Pour l'entendre, je crois que le style peut nous aider. Le mot connu de Buffon, « le style c'est l'homme même », mot repris par le célèbre psychanalyste Jacques Lacan, indique bien le lien inextricable entre le style langagier et l'humanité en l'homme. Le style dit beaucoup plus sur l'humain que sur le texte ou sur son auteur. Prenons l'exemple du style de Marc Menant, certes il nous informe sur l'homme écrivain, l'auteur, sur l'idée développée dans son texte, mais il nous donne beaucoup plus encore ! Il nous fait entendre « quelque chose » qui n'est ni dans le texte, ni même dans l'esprit de l'auteur. Il nous fait entendre « quelque chose » qui vient de l'espace non écrit et non pensé. Avez-vous remarqué combien il y a d'espace vide dans un texte ? Tout ce vide d'écriture à l'intérieur des lettres et entre les lignes. Un texte est principalement fait de vide. C'est dans cet espace vide que quelque chose d'essentiel se lit. Le style est le procédé par lequel « quelque chose » de ce vide nous est communiqué. En fait il ne s'agit que d'une apparence de vide. Là où la raison nous dit qu'il n'y a rien, le style rend visible ce « rien », il fait apparaître des formes. C'est le seul moyen pour nous transporter dans les méandres de la mémoire, faire entendre ce qui est toujours au-delà des mots mais qui ne peut se penser ni se dire sans eux... C'est la magie du style ! Puisse notre livre, et ses deux styles, faire entendre au lecteur la magie du surnaturel.

Une autre remarque préalable concerne le vocabulaire.

Je ne crois pas au « psychisme » ! Ce mot est trop général, trop imprécis pour soutenir toute réflexion utile sur le surnaturel. Il est assimilé à une activité qui émanerait du cerveau sous l'effet d'une biologie mettant en jeu des fibres nerveuses (neurones), des zones de transition entre ces fibres (synapses), des substances à l'intérieur et à l'extérieur des neurones (neuromédiateurs ou neurotransmetteurs) et des zones de réception et de décodage de l'information transmise par ces substances (récepteurs). Le psychisme est aussi décrit comme un ensemble de fonctions dites cognitives, c'est-à-dire des fonctions essentielles à la connaissance comme la mémoire, le jugement, la raison, la perception, etc. Nos contemporains désignent sous le mot psychisme un ensemble de faits biologiques et neuropsychologiques qui s'expriment dans les différents registres comportementaux, intellectuels, affectifs et émotionnels. En d'autres termes, ce sens du mot psychisme annule toute différence de nature entre l'homme et l'animal. Il n'y a plus qu'une différence de degré. Le débat est ancien. Je me place résolument au côté de ceux qui voient en l'homme une part strictement humaine, non réductible à une quelconque animalité ou naturalité. L'humanité n'a rien de naturel ! Elle est toute entière inscrite dans le surnaturel !

Il faut donc quelques précautions langagières lorsque nous parlons des limites de la science c'est-à-dire du surnaturel. Un mauvais usage des mots engendre deux risques. Le premier risque est celui de la confusion, du non-sens, il consisterait à dire le contraire de ce que nous pensons. Le second est le détournement du contenu de nos propos et son utilisation à des fins obscurantistes ou pseudo-ésotériques. Grande question : est-on responsable des bêtises que d'autres profèrent en notre nom ? L'imprécision des termes que nous employons risquerait non seulement de rendre flou notre propos et alimenterait à juste titre la critique des rationalistes, mais aussi elle rendrait dangereuse notre démarche en donnant des arguments à ceux qui s'opposent à la science, en leur donnant l'impression d'un obscurantisme réhabilité. Or il en va tout autrement !

Il est majeur, ce problème du vocabulaire habituellement utilisé pour expliquer les manifestations étrangères à la science. De la même façon, lorsque nous parlons de la science, nous devrions préciser « science positiviste » pour indiquer qu'il s'agit d'une conception strictement rationaliste du monde, une saisie du monde dans les grilles spatio-temporelles, repérables, calculables, soumises à la logique de la cause et de l'effet pour aboutir à un système de compréhension. J'appelle « science » toute tentative d'enfermement de la réalité dans un système de compréhension rationnelle. La psychologie est une science humaine, à ce titre je ne crois pas en sa capacité à nous emmener loin dans la connaissance du surnaturel. Cela peut paraître paradoxal qu'un psychiatre ne croit pas en la psychologie, mais c'est justement mon exercice auprès des patients délirants, dits schizophrènes et auprès des patients autistes qui me rend sceptique envers cette discipline des sciences humaines. À cet égard, la folie est un enseignement. Plus la recherche scientifique avance et plus l'humain est objectivé comme une *chose* dont l'étude, même si elle est complexe, est circonscrite aux limites physiques de la matière corporelle, biologique et à celles de la psychologie. L'homme est appréhendé scientifiquement comme un objet qui, par définition, est limité.

De la même manière, l'abord scientifique de la folie ne peut raisonner autrement qu'en termes de déficience psychique, de trouble cognitif, de carence psychologique, de fausseté de jugement, d'erreur des perceptions, etc. Triste psychiatrie ! Toutes ces expressions sont affligeantes parce qu'elles disent l'opposé de ce qui se joue dans la folie. La science positiviste qui guide aujourd'hui les réflexions et les pratiques psychiatriques et psychologiques, fait preuve de surdité à l'égard de la folie, surdité à l'égard d'un savoir qui nous enseigne ce qu'est l'homme ou plutôt l'humanité en l'homme. La folie vaut beaucoup mieux que tout ce que peut en dire la psychologie. La science la plus rationnelle n'atteindra jamais le plus faible niveau de rigueur exigée par la folie. D'ailleurs les expressions *sciences rationnelles* ou *sciences exactes* sont mensongères. Aucune science ne peut être dite exacte, pas même les mathématiques. L'exactitude exige l'absence de zones d'ombre, l'élimination de l'incertain. L'exactitude en matière de connaissance n'admettrait pas les limites. Une expérience qualifiée d'irrationnelle par l'expertise scientifique peut toujours retrouver sa rationalité lorsque les limites du savoir sont poussées un peu plus loin. Nombre de faits aujourd'hui expliqués par la science étaient autrefois qualifiés d'irrationnels, magiques, maléfiques ou surnaturels : l'éclipse de soleil ou l'éclipse de lune, certains phénomènes météorologiques, des signes inexpliqués de la nature, des symptômes ou des maladies, autant de faits observables échappant au savoir scientifique et rejetés dans le domaine artificiel de l'irrationnel. Par exemple, les Grecs voyaient dans l'épilepsie le « mal sacré », manifestation surnaturelle par excellence, intervention du *daimôn*. Un autre mot dont je me méfie pour qualifier les phénomènes surnaturels est le mot « irrationnel ». Il est préférable de l'éviter le plus possible. Il n'y a d'irrationnelle que la science dont la connaissance ne pourra jamais atteindre l'infinie exactitude. Ce que les scientifiques nomment « irrationnel » est bien au contraire une rationalité infinie qui ne peut être appréhendée. La rationalité de la science s'arrête au mur de la connaissance, mur au-delà duquel il n'est plus question de physique, de formes perceptibles, d'atomes, il n'est plus question de psychologie. Il existe un savoir qui n'est pas « normé », qui ne peut même pas être assimilé à une quelconque connaissance ; pour cette raison il est qualifié de paranormal c'est-à-dire hors norme. La folie est un autre exemple du « hors norme ». Folie et Paranormal ont une destinée commune, un même chef d'accusation : l'anormalité ; une même sanction : l'exclusion. Folie et Paranormal sont rejetés hors des murs de la maison science. Ces murs constituent notre connaissance du monde. Ils séparent le monde tel qu'il est perçu par nos sens, d'un monde extérieur à toutes nos perceptions. N'appartenant pas au monde physique, cette extériorité n'est pas topographique, elle ne peut être représentée dans l'espace. Il nous faut alors utiliser les outils conceptuels de la métaphysique. L'existence d'un « monde extérieur » est au cœur du questionnement métaphysique. Emmanuel Kant évoquait en 1787 « un scandale de la philosophie » à propos de l'idéalisme qui admet « seulement à titre de croyance l'existence des choses hors de nous (...), et, si quelqu'un se met à en douter, de ne pouvoir lui opposer aucune preuve satisfaisante [1] ». Le grand scandale est celui de l'impuissance à pouvoir démontrer l'existence d'un monde extérieur. C'est la question du solipsisme : nos perceptions nous appartiennent, ce que nous connaissons du monde extérieur ne nous est pas extérieur puisqu'il nous est donné par nos perceptions qui nous appartiennent. Parler d'un monde existant hors de nos sens est toujours possible ; on peut le raconter, l'imaginer et le décrire sur le mode littéraire ou poétique, mais comment prouver son existence ? Scandale de la philosophie mais aussi scandale de la science et, plus encore, scandale de la psychiatrie et de la psychologie qui ne peuvent penser cette extériorité. Scandale d'autant plus grand qu'elles étudient la folie comme on étudie une maladie du cerveau ou un trouble psychologique alors que la folie, justement, se présente comme le miroir de ce monde-là, « extérieur » au monde commun.

1. KANT Emmanuel, *Critique de la raison pure,* Préface de la deuxième édition, Édition de la Pléiade, p. 753.

Jamais je n'ai considéré les délires de mes patients schizophrènes comme étant l'expression déficitaire d'une perception du monde, ni la manifestation d'une carence du jugement. Ils ne parlent pas d'une fausse réalité, ni d'un monde « irréel ». J'appelle « délire » une capacité supérieure dans le domaine de la connaissance, une capacité à dire l'invisible. Le délire est le lieu d'un savoir qui nous dit sur la condition humaine plus que tout ce que la science ne pourra jamais formuler.

« Liberté conditionnelle », tel est le fondement de l'humanité. La condition humaine est le mystère d'une présence qui ne peut se laisser enfermer. C'est une condition de liberté ! La science ne trouvera jamais la moindre réponse au mystère de cette présence qui, en nous-même et au-delà de nous-même, se fait ressentir comme une volonté propre, une force vitale, une conscience. La science fait office de cadre, de murs voire de remparts qui sont ceux de la raison. Quoi de plus solide que la raison ? Quoi de plus rassurant ? Quoi de plus enfermant ? La compréhension n'est rien d'autre qu'une fermeture.

« Comprendre » c'est englober, enlacer, enfermer. La folie nous parle d'une réalité qui ne peut être « comprise ». La folie est elle-même liberté. Sous peine de ne rien entendre, la folie exige de celui qui écoute un dépassement de la logique de compréhension. Elle exige de nous alléger de ce fardeau de la psychologie, des lois de la physique, de la biologie. Non, l'humain n'est pas un objet, il n'est pas une technologie, il n'est même pas un type de fonctionnement physiologique ou moléculaire. Il ne se réduit pas à un amas de matière. L'humanité en l'homme est d'un tout autre type. Découvrir l'homme consiste en une rencontre du troisième type ! Rien de terrestre, ni de minéral, ni de végétal, ni d'animal. Toutes ces modalités ne sont qu'apparence, ce sont des masques. L'homme est toujours plus loin, caché. La matière, le corps, la biologie et même la psychologie ne concernent que le contour de l'homme, que sa forme, que son corps charnel, que les mécanismes qui président à sa vie psychologique, affective et sociale. Où est l'homme ? Sa nature première est tout autre.

Ma pratique de psychiatre me confronte quotidiennement aux questions posées par la folie. La question d'un monde extérieur est toujours présente. Comment mieux nommer ce monde autrement que par l'oxymore proposé par Guy de Maupassant pour désigner cette présence invisible venue d'ailleurs, *Le Horla* ? À la fois là et hors de là, il ne peut être localisé ni dans l'espace ni dans le temps. Son corps que le jour traverse n'est-il « pas indestructible par les moyens qui tuent les nôtres ? [...] Seul peut-être le temps a prise sur l'Être Invisible et Redoutable [2] ».

Dans ce même texte, Maupassant revient à plusieurs reprises sur la question de l'invisible :

> « Je me rappelle à présent les paroles du moine du Mont-Saint-Michel : est-ce que nous voyons la cent millième partie de ce qui existe ? [...] Et je songeais encore : mon œil est si faible, si imparfait, qu'il ne distingue même point les corps durs, s'ils sont transparents comme le verre... [...] Quoi d'étonnant, alors, à ce qu'il ne sache point apercevoir un corps nouveau que la lumière traverse [3]. »

---

2. (de) MAUPASSANT Guy, *Le Horla,* Éd. Gallimard, Paris, 1986, Folio, p. 56.
3. *Ibid*, p. 51.

Invisible, cela suffit pour échapper à la science. Elle ne connaît en effet que du visible, du limité, du discernable : elle est un œil. L'idéal de la science est celui de la vision ; il s'agit de toujours voir, de l'infiniment petit à l'infiniment grand. Voir l'homme, son corps, l'intérieur de son corps, ses organes et ses tissus, ses cellules et leurs organites, les liquides, les molécules et leurs atomes constitutifs... Toujours voir, repousser sans relâche les limites du voir, poursuivre à l'intérieur même des atomes, voir les noyaux et leurs particules et continuer cette quête, comme si le visible attirait le visible car en fin de compte il y a toujours quelque chose à voir dans la matière qui se donne comme une étendue divisible à l'infini. Cette attirance se fait aussi dans l'autre sens, les grands télescopes et les sondes exploratrices de l'univers, voir les galaxies et au-delà, la naissance de l'univers, le big-bang peut-être... La physique quantique tente de passer l'obstacle du non-visible, elle procède par observation indirecte, observation des effets pour vérifier une théorie. Elle voit autrement mais son œil reste celui de la science et, malgré ses possibilités d'accommodation, la vision restera toujours limitée. Pour cette raison l'expression *sciences de la vie* est une imposture. Voulant s'approcher de la vie, elle s'en éloigne. Sous l'œil de la science, le mystère de la vie est réduit à de la matière inerte sous forme de chaînes moléculaires d'acides aminés !

L'extension de la psychiatrie au domaine du paranormal m'a toujours semblé une étape logique dans l'étude de nombreux phénomènes observés par les soignants ou décrits par nombre de patients.

Nous ignorons la quasi totalité du monde qui nous entoure, comme l'insecte posé sur le rebord de ma fenêtre.

Il est né, il a grandi, il connaît bien ce qui est nécessaire à sa vie, il semble attendre, je ne sais quelle étape de sa journée, il connaît le jour et la nuit, il connaît le froid de la nuit et le chaud des rayons de soleil, il connaît la faim, la soif, il connaît le besoin de se reproduire, etc., mais cette connaissance du monde n'est pas tellement plus grande que la nôtre. Il connaît autrement le monde. Nous, humains, n'en connaissons qu'une infime partie. Je pense à la célèbre entrée en scène du *Faust* de Goethe :

> « Philosophie, hélas ! jurisprudence, médecine, et toi aussi, triste théologie !... Je vous ai donc étudiées à fond avec ardeur et patience : et maintenant me voici là, pauvre fou, tout aussi sage que devant. Je m'intitule, il est vrai, Maître, Docteur, et, depuis dix ans, je promène çà et là mes élèves par le nez. – Et je vois bien que nous ne pouvons rien connaître [4] ! »

Je peux bien faire le même constat : médecine, psychologie, psychiatrie, philosophie... sont mes domaines d'étude, de réflexion, de recherche, mais que puis-je savoir sur l'essentiel ? La psychiatrie est prisonnière des grilles de lecture propres à la science positiviste. C'est tristement ironique pour une discipline qui à l'origine se présentait comme une médecine de l'âme. Pendant ses cinq années d'émission hebdomadaire consacrée au paranormal sur les ondes d'Europe 1, Marc Menant a rencontré un grand nombre de personnes qui, probablement, présentaient quelques bizarreries, quelques originalités dans leur vie, dans les expériences qu'ils traversaient et qu'ils venaient relater, dans les aspects de leur personnalité, dans leur mode

---

4. GOETHE, *Faust*, traduction de Gérard de Nerval, Garnier-Flammarion, Paris, 1964, p. 47.

de vie. Les expériences, elles-mêmes, dont ils témoignaient étaient marquées du sceau de la bizarrerie, parfois de l'illogisme, voire de la contradiction. Bien sûr, toutes ces singularités et ces étrangetés pourraient être appréhendées selon les critères de la psychiatrie comme autant de manifestations pathologiques, de symptômes névrotiques ou psychotiques. C'est un symptôme de notre société de ne penser les rapports entre individus qu'avec l'aide de la psychologie. Il ne faut pas confondre la psychologie et la psychanalyse laquelle se présente précisément selon le dessein de Sigmund Freud comme une anti-psychologie, ce que redira avec force un autre grand nom de la psychanalyse, Jacques Lacan. Tout ce que nous pouvons dire sur les questions touchant au surnaturel impose d'emblée de s'écarter de toute tentative « psychologisante », impose de ne pas tomber dans le piège d'un système de compréhension qui ferme le sens au lieu d'ouvrir les portes. Gardez-vous de comprendre ! L'inconscient ne se comprend pas. Il est infini ! Il s'agit d'entendre. Il y a une autre parole qu'il faut entendre au-delà de la parole prononcée, il y a du langage au-delà des phrases dites. « L'essentiel est invisible pour les yeux », dit le Petit Prince. Alors que faut-il faire ? Se situer hors de la pure compréhension ne signifie pas qu'il faille renoncer à notre réflexion. Il faut tout simplement prendre un autre chemin, ne surtout pas prendre les autoroutes de la certitude éclairée par la simple raison. Que de bêtises, depuis si longtemps, ont été dites uniquement sous le diktat de la raison. Que d'absurdités ont été proférées sous le sceau du bon sens. Le domaine qui nous intéresse n'a rien à faire du bon sens, lequel précisément n'est pas le meilleur sens puisqu'il aboutit à une impasse dans nos réflexions sur l'apparent irrationnel. Je dis « apparent », parce qu'au sens strict il n'y a rien d'irrationnel !

Face

Ah, la science émancipe le genre humain de la nature, enfin presque, car la nature reste la grande dominatrice quand elle rue aux grands cataclysmes : tremblements de terre, cyclones, éruptions, raz de marée… Pour autant, bien la science par ses explications indubitables des fureurs, qui évite de redinguer sous la terreur céleste toujours en couvaison dans une multitude de crânes comme le montrent, par exemple, les fréquents dégorgements de l'Etna, prêtres, alors en précipitation de bénédiction de la lave pour un salvateur exorcisme. Pas rituel puéril l'intercession pour les enragés de l'irrationnel, détiennent les preuves que le Créateur aime à l'occasion rappeler son omnipotence indiscutables les preuves, comme ces photos d'avril 1977 prises à Saint-Rose bourgade de l'Île de la Réunion au pied du Piton de la Fournaise on y voit une coulée de lave figée net devant la façade d'une minuscule chapelle, plus incroyable encore, s'ouvre en deux la lave et enserre l'édifice sans l'ébouler ! Graines de fable les clichés, propices aux boniments prosélytes des chantres de la spiritualité, « alors, narguent-ils, c'est pas un miracle ça ? » et les scientistes pour s'épargner l'embarras devant la curiosité, de claquer, tac au tac, un péremptoire : « pur hasard ! ». Que dire d'autre : « inexplicable » ? Tabou le mot, la science se doit de rayonner à l'implacable certitude fatale à sa crédibilité la mollesse à l'humilité, qu'une astuce pour rester référence d'un savoir universel incontestable : le maquignonnage au vocabulaire ! À jamais bannis : « miracle », « inexplicable », affublés selon le phénomène à décrire : « pur hasard », donc, mais aussi, « hallucination, coïncidence, conjoncture, scorie, artefact, probabilité » et, dans le cas de la grande insurrection des cellules, lois du vivant chamboulées, totalement bouleversées, à savoir une guérison spontanée : « effet placebo ! ». D'autant plus imparable l'expression qu'elle scintille savante pour venir du latin où *placebo* signifie « je plairai ». Voilà qui affiche clairement le recours à la tromperie, en l'occurrence, sous l'apparence d'un authentique médicament, l'administration d'un traitement vide de toute substance active à des patients atteints de symptômes, tenaces, rebelles à tout remède, juste pour leur instiller l'espoir d'un soulagement moral or, prodige, le leurre s'avère si souvent opératoire que, depuis les années 1950, il est certifié par des essais cliniques sur des panels de malades.

À méditer les résultats, affichent une efficacité de 45 à 75 % contre les maux de tête, 50 % sur les douleurs métastatiques et dépasse les 60 % dans les dépressions.

Formelles les statistiques, indiscutable l'effet placebo, au point de servir de référence à la recherche, ainsi, aucun médicament n'obtient l'autorisation de mise sur le marché sans une confrontation avec une chimère moléculaire dans une étude en double aveugle. Simple le protocole, élaboré par un statisticien britannique Anton Bradford Hill dans les années 1940, à partir d'un groupe de volontaires. Après tirage au sort, on administre la vraie ou la fausse molécule – totalement identique en apparence – de sorte que chacun

– y compris le médecin prescripteur – ignore la nature de l'élément absorbé.

« C'est dans la tête » pérorent les scientistes contraints d'admettre le phénomène pitoyable l'estocade, un truisme, se rendent pas compte qu'ils assènent le principe même du placebo ! Bornés définitifs, les certifiés du savoir, poursuivent leurs affligeantes postillonnades devant les preuves organiques de l'effet placebo : baisse de tension, variation du taux des globules blancs, atténuation de 10 % des troubles de la maladie de Parkinson, ou encore, dans des cas de greffes, diminution des interleukines 2, à l'image de la ciclosporine, médicament anti-rejet !

Impénétrable le mystère du placebo, les technologies les plus avancées comme l'IRM permettent juste de visualiser les zones du cerveau qu'il active, par exemple, dans le cas de personnes atteintes de Parkinson, maladie due à la destruction des neurones qui génèrent la dopamine – ce qui induit les tremblements – les chercheurs constatent l'apparition de la précieuse substance euphorisante grâce à l'absorption d'un placebo par le patient alors que les neurones qui la fabriquent n'existent plus ! Le cerveau aurait donc la faculté d'inventer, *ex nihilo*, un système de substitution de production de dopamine, ce qui effondre la belle théorie mécaniste des neurobiologistes et suggère que notre physiologie a une capacité d'autocréation empirique. Osons ici, l'analogie aux colonies d'insectes sociaux, il semble bien que chacune de nos cellules, telle la fourmi dans la fourmilière, réagit spontanément à tout dérèglement de son environnement et trouve le comportement idéal à la situation, ce qui entraîne la mobilisation de ses semblables alentours dans une coordination parfaite sans qu'aucune « intelligence » reconnue orchestre l'ensemble.

Autre manifestation tout aussi inexplicable, le temps de réaction du corps après la prise d'un médicament véritable ou fictif, le plus souvent, l'effet ressenti par le malade se manifeste avant que les molécules n'aient atteint leur cible.

Pour mieux cerner cette influence de la « pensée » sur l'action des molécules, de la morphine a été administrée à un groupe de patients par un système de distribution programmé sans que les bénéficiaires sachent les heures de diffusion, par ailleurs, d'autres volontaires recevaient, eux, par du personnel soignant, des injections qui n'étaient que du sérum physiologique – ce qu'évidemment, ils ignoraient –, résultat, il a fallu augmenter les doses de vraie morphine à 6 ou 8 mg pour obtenir un effet équivalent au leurre.

Déjà bien chatouilleux pour la raison pure, l'effet placebo bascule carrément au surnaturel quand l'expérimentation révèle qu'il recèle un phénomène totalement incompatible avec le paradigme du savoir académique : la télépathie ! Oh, le gros mot ! Odieux ! Offense à l'intelligence ! Illico, les rares scientistes, zétistes[1] et autres zozos obtus égarés à cette lecture me dégradent infect énergumène, une crapule, faiseur, bonimenteur, entourloupeur des faibles d'esprits, pis que gourou, moi, depuis le début du livre, guettaient l'imposture, eh bien, la voilà, « télépathie, » pas très original mon berlurage à la crédu-

1. Tenants de la zététique. Zététique – selon le *Grand Robert* (1872) – qui a pour objet une recherche. Histoire des mathématiques. Analyse zététique, nom donné par Viete à ce que l'on appelle aujourd'hui méthode analytique.

lité, braisent à saliver la chiure qu'ils me badigeonneront en conclusion de mon couplet de sornettes, ne s'attendent pas que je leur serve une étude dégotée dans la très sérieuse revue qu'ils révèrent : *Science et Vie* [2]. Concerne les dentistes, l'étude. À une dizaine de représentants de la redoutée profession, avaient été remis des médicaments tous identiques en apparence, présentés à certains comme réels antalgiques, aux autres, comme placebos. Bien sûr, pas un mot aux patients de l'essai thérapeutique, chacun était persuadé de recevoir un vrai cachet. Dans l'affaire, pas les arracheurs de dents, les plus menteurs, dupes, eux aussi, à la distribution des molécules, certains avaient hérité du traitement inverse à ce qui leur était affirmé. Ah, sceptiques en railleuse gondolade, apprêtez-vous à raidir pantois au résultat : le placebo administré par les praticiens convaincus de donner un antidouleur a obtenu une efficacité bien plus importante que si le dentiste doutait de la réalité de la molécule, de même une vraie pilule prescrite avec l'idée qu'elle était fausse voyait son action amoindrie et parfois même complètement annihilée ! Non seulement, donc, la croyance ou plutôt l'intime conviction à la vertu opératoire d'un élément – une parole bien assénée suffit – peut affecter notre physiologie jusqu'à bouleverser les lois qui la régissent, mais plus fou encore, dès lors que nous investissons un tiers, – en l'occurrence le prescripteur – d'un savoir absolu, le rayonnement de sa pensée profonde, c'est-à-dire au-delà de ce qu'il exprime à voix haute, infiltrerait notre esprit jusqu'à ensorceler notre inconscient, ce grand maître de nos cellules.

2. Hors série, n° 236.

Corollaire de l'effet placebo : il assimile le toubib aux sorciers, chamans et autres praticiens traditionnels. D'ailleurs, le disciple d'Hippocrate officie, lui aussi, aux rituels. Cérémonie, sa consultation. D'abord, l'apparat : la blouse blanche, le stéthoscope, le tensiomètre, s'y greffent la liturgie de l'auscultation, patient, torse nu, infériorisé, enfin, simulacre incantatoire, l'ordonnance, décryptable uniquement par un autre initié, le pharmacien.

Voilà qui interdit, définitif, le débraillage goguenard à l'évocation des opérations à mains nues des guérisseurs philippins. Pas entourloupe de foire, la méthode, mais indispensable mise en scène à l'activation de la suggestion fondement de toutes les médecines, y compris – j'insiste – l'occidentale, abusivement glorifiée à l'intangibilité de la science alors que son bilan repose uniquement sur le calcul de statistiques, ce qui place chaque patient dans l'incertitude d'un tirage du loto. Baratin, l'indéniable vérité : toute guérison, qu'elle que soit la thérapie appliquée, abrite une part de magie !

Pas sous la totale tutelle de l'aléa, la magie, les chercheurs – à défaut de percer ses mystères – ont montré que certaines pratiques favorisent son déclenchement voire amplifie ses effets : la méditation, la prière, le yoga, l'hypnose ou encore l'appartenance à un groupe de soutien, toutes ces pratiques, génèrent des états modifiés de conscience, comme nous le verrons, et entraînent la production spontanée d'endorphine ce qui emballe le cerveau au positif et requinque le système immunitaire, preuve supplémentaire de l'interdépendance du psychisme et de la biologie.

Allons plus loin à l'affriolement au merveilleux avec, cette fois, une expérience, sujette à caution – je le reconnais – car seulement certifiée au déclaratif de ses initiateurs, à savoir des gynécologues ! Menée en 2003, elle concerna une trentaine de femmes en stérilité, ignorantes de l'essai, leur participation se réduisant à l'utilisation de la photo de chacune subtilisée par des proches et remise à un groupe de croyants qui, pendant six mois, deux fois par jour, implorèrent le divin de leur accorder la joie de la maternité. Inouï le résultat révélé par les auteurs, 70 % des cobayes involontaires générèrent une grossesse... Sceptique, contiens-toi, n'époumone pas écarlate : « foutaise, immonde supercherie, on revaldingue aux ténèbres » comme toi, l'obscurantisme me répugne et pourtant, je refuse de restreindre ma légitime curiosité sous le fallacieux prétexte d'un retour à l'asservissement des esprits m'en remets à l'intelligence et à la réflexion, en toute indépendance, ose donc envisager l'hypothèse de l'efficience de la prière à distance sur des personnes ignorant – comme dans le cas des patients des dentistes précédemment – qu'elles sont l'objet d'une intention générée en l'occurrence par la concentration d'un groupe. Dépouillons la démarche de son aspect religieux, et demandons-nous, si à partir de cette communion de cerveaux, une pensée, sorte d'agrégat psychique baptisé par certains « égrégore » pourrait telle une onde atteindre sa cible et agir sur la psyché ?

À l'identique aux États-Unis, des chercheurs ont retenu par tirage au sort des patients en rééducation, le dossier de certain fut confié à des moines qui, deux fois par jour, sollicitèrent la grâce divine pour qu'ils retrouvent la santé au plus vite, là encore, l'équipe initiatrice du test affirme que 80 % des malades sous « intercession monacale », eurent une rémission accélérée, comparée à un groupe de convalescents qui, eux, ne devaient l'amélioration de leur état qu'à la stricte observance d'une thérapie académique.

Bien sûr, en aucun cas, deux exemples ont valeur de démonstration, en revanche, ils légitiment de prolonger nos interrogations avec Serge, d'abord à la lumière de son expérience clinique puis, en tant que docteur en philosophie imprégnée de la culture grecque. Primordial pour les Pères de notre civilisation, le lien corps-esprit !

Pile

LES ÉTUDES portant sur le rôle de la prière dans l'efficacité des soins ne sont pas convaincantes, elles sont toutes sujettes à de multiples critiques. Une étude scientifique doit reposer sur des critères méthodologiques objectifs qui ne laissent aucune place à l'aléatoire. Les lois scientifiques sont d'ordre universel, elles ignorent le particulier, le subjectif. Or, comment peut-on assurer la moindre objectivité dans le rapport le plus intime qui puisse exister, ce rapport de soi à Dieu, rapport immédiat ou par l'intercession d'un saint ? Qu'est-ce que la science vient faire ici ? Elle confond la prière, qui est un acte de foi, et les fonctions cognitives qui permettent de formuler une demande. La prière n'est ni une demande administrative, ni une doléance, ni la revendication d'un droit. Rien ne peut y être mesuré, ni la foi du prieur, ni la « bonne foi » du scientifique qui cherche l'éventuel effet positif sur son patient, ni le désir du patient. La prière n'est pas une technique thérapeutique utilisable à grande échelle. J'ai un doute quant à l'honnêteté ou à l'intelligence des auteurs de telles études. Vouloir mesurer l'effet des prières est une entreprise aussi absurde que celle qui consisterait à étudier le mystère de l'incarnation aux moyens de scanners cérébraux ou de prélèvements biologiques. Il ne faut pas confondre l'ordre de la raison et l'ordre de la foi. Tout au plus, ce que nous pouvons scientifiquement évaluer est l'effet de la suggestion. Revenons à l'effet placebo, il correspond à l'utilisation thérapeutique de la suggestion. La science ne connaît du placebo que ses effets, elle ne connaît que la conséquence de son action mais elle ne sait pas comment il agit véritablement. C'est très facile de prononcer les mots de suggestion, de croyance, etc., mais cela ne répond pas aux questions suivantes : comment une pensée positive agit sur la matière ? Comment une pensée peut modifier un processus biologique ? Comment peut-elle stabiliser ou stopper une douleur ? Comment peut-elle agir au cœur de la cellule ? De la même manière, dans l'effet nocebo – effet délétère obtenu par la suggestion –, comment une pensée peut induire une modification biologique ? Comment peut-elle agir sur le métabolisme ? Il ne peut être question de réduire ces phénomènes à un simple fonctionnement neurobiologique faisant intervenir les neurones, les jonctions synaptiques, les neurotransmetteurs et leurs nombreux récepteurs. Toute cette chimie cérébrale n'explique en rien comment la simple croyance en l'efficacité d'une substance – qu'elle soit biologiquement active ou inactive – peut donner la guérison ou au contraire provoquer un trouble ou une lésion organique. L'Histoire de la médecine est inextricablement associée à l'Histoire de la suggestion. Depuis les rituels réalisés dans les sociétés primitives aux recettes appliquées avec méthode dans l'Antiquité égyptienne puis gréco-romaine, des potions et des remèdes prescrits avec docte science depuis le Moyen Âge jusqu'aux méthodes opératoires les plus sophistiquées permises aujourd'hui par les progrès de la technologie, l'efficacité thérapeutique a toujours été dépendante de la qualité de la suggestion c'est-à-dire de la force de conviction aussi bien du côté soignant que du côté soigné. L'utilisation de la suggestion comme principal agent thérapeutique avait été proposée par le génial docteur Émile Coué (1857-1926) selon lequel nous possédons en nous « une force d'une puissance incalculable ». Partant du principe que c'est l'imagination – et non la volonté – qui nous fait agir, Coué propose une méthode thérapeutique et préventive toute basée sur l'autosuggestion. La volonté, affirme-t-il, cède toujours le pas à l'imagination, « c'est une règle absolue, qui ne souffre aucune exception ». Pour Coué la suggestion et l'imagination jouent un rôle majeur dans le processus de guérison. En 1922, il publie *La Maîtrise de soi-même par l'autosuggestion consciente*, ouvrage souvent republié sous le titre *La Méthode Coué*. Le livre, court et efficace, connu un grand succès surtout aux États-Unis et en Angleterre. Coué commence et introduit sa méthode en ces termes :

> « La suggestion ou plutôt l'autosuggestion est un sujet tout à fait nouveau, en même temps qu'il est aussi vieux que le monde.
>
> Il est nouveau en ce sens que jusqu'à présent, il a été mal étudié et, par conséquent, mal connu ; il est ancien parce qu'il date de l'apparition de l'homme sur la terre. En effet, l'autosuggestion est un instrument que nous possédons en naissant et cet instrument, ou mieux cette force, est douée d'une puissance inouïe, incalculable, qui, suivant les circonstances, produit les meilleurs ou les plus mauvais effets. La connaissance de cette force est utile à chacun de nous, mais elle est plus particulièrement indispensable aux médecins, aux magistrats, aux avocats, aux éducateurs de la jeunesse. [...] Pour bien comprendre les phénomènes de la suggestion, ou pour parler plus justement, de l'autosuggestion, il est nécessaire de savoir qu'il existe en nous deux individus

absolument distincts l'un de l'autre. Tous deux sont intelligents ; mais, tandis que l'un est conscient, l'autre est inconscient. C'est la raison pour laquelle son existence passe généralement inaperçue. »

Le docteur Coué a rassemblé ses observations quotidiennes pendant vingt années avant d'en tirer des lois générales suivantes :

« 1. Quand la volonté et l'imagination sont en lutte, c'est toujours l'imagination qui l'emporte, sans aucune exception.

2. Dans le conflit entre la volonté et l'imagination, la force de l'imagination est en raison directe du carré de la volonté.

3. Quand la volonté et l'imagination sont d'accord, l'une ne s'ajoute pas à l'autre, mais l'une se multiplie par l'autre.

4. L'imagination peut être conduite. »

Même si la pratique de l'autosuggestion ne remplace pas les traitements médicaux, elle en garantit l'efficacité. Plus encore, une autosuggestion négative compromet la guérison. À cet égard, Coué nous met en garde sur le danger potentiel de cet instrument que constitue l'autosuggestion, instrument que « nous portons en nous en naissant, et avec lequel nous jouons inconsciemment toute notre vie. » Ce danger tient à un maniement imprudent. L'instrument peut blesser et même tuer ! De ce constat, Coué énonce un avertissement que nous ne devrions jamais oublier :

Craindre la maladie, c'est la déterminer.

Cet axiome qui repose sur un constat clinique, montre la force de ce pouvoir qui réside en chacun, un pouvoir plus fort que celui que l'on attribue à la volonté, un pouvoir qui puise son énergie dans les profondeurs de notre psyché. Ce pouvoir est tellement grand, qu'il peut amener la guérison de lésions organiques ou provoquer ces lésions. « Toute maladie, dit Coué, presque sans exception, peut céder à l'autosuggestion. » Parmi les maladies guéries par sa méthode, Coué cite l'asthme, diverses paralysies, nombreux types de douleurs, bronchite chronique, plaies persistantes, troubles cardiaques, attaque de goutte, eczéma généralisé, etc. Certes, notre pouvoir de guérison dépend de notre capacité à utiliser l'instrument qu'est l'autosuggestion, instrument que nous possédons tous, mais il est aussi dépendant pour une part de la conviction de celui qui soigne. « La conviction est aussi nécessaire au suggestionneur qu'au suggestionné. » Ma pratique médicale confirme quotidiennement cette remarque. Pour que mes soins soient efficaces, il faut d'abord que je sois intimement convaincu de leur bien-fondé. Ceci est encore plus évident dans les soins apportés aux patients schizophrènes parce que l'importante intuition dont ils bénéficient oblige la transparence. On ne peut rien leur cacher ! Je ne peux leur proposer que ce dont je suis certain. Cette observation ne contredit pas ce fait essentiel souligné par le docteur Coué : ce n'est pas la personne qui agit, c'est la Méthode. La méthode est simple :

> « Tous les matins au réveil, et tous les soirs, aussitôt au lit, fermer les yeux et, sans chercher à fixer son attention, sur ce que l'on dit, prononcer avec les lèvres, assez haut pour entendre ses propres paroles et en comptant sur une ficelle munie de vingt nœuds, la phrase suivante : “Tous les

jours, à tous points de vue, je vais de mieux en mieux." Les mots "à tous points de vue" s'adressant à tout, il est inutile de se faire des autosuggestions particulières.

Faire cette autosuggestion d'une façon simple, aussi enfantine, aussi machinale que possible, par conséquent sans le moindre effort. En un mot, la formule doit être répétée sur le ton employé pour réciter des litanies.

De cette façon, l'on arrive à la faire pénétrer mécaniquement dans l'inconscient par l'oreille et, quand elle y a pénétré, elle agit. Suivre toute sa vie cette méthode qui est aussi bien préventive que curative.

De plus chaque fois que, dans le courant de la journée ou de la nuit, l'on ressent une souffrance physique ou morale, s'affirmer immédiatement à soi-même qu'on n'y contribuera pas consciemment et qu'on va la faire disparaître, puis s'isoler autant que possible, fermer les yeux et, se passant la main sur le front, s'il s'agit de quelque chose de moral ou sur la partie douloureuse, s'il s'agit de quelque chose de physique, répéter extrêmement vite avec les lèvres, les mots : "ça passe, ça passe, etc., etc.", aussi longtemps que cela est nécessaire. Avec un peu d'habitude on arrive à faire disparaître la douleur morale ou physique au bout de 20 à 25 secondes.

Recommencez chaque fois qu'il en est besoin. »

Il s'agit donc de répéter une formule comme une litanie ; cette méthode évacue toute autre pensée et se présente comme un véritable siège de l'esprit par une seule idée. Cette idée qui assiège l'esprit, comme l'obsession – du latin *obsidere* « assiéger » – qui s'impose à notre volonté, permet l'inscription d'un texte, d'une demande, d'un souhait dans les profondeurs de notre psyché. Nous pouvons faire le rapprochement avec la *lectio divina* –

lecture divine – qui est une méthode de prière par le moyen d'une lecture répétée des Saintes Écritures préconisée depuis les premiers siècles de l'ère chrétienne. Cette lecture ouvre la voie à une expérience d'intériorisation de la Parole divine, elle permet de faire résonner cette Parole au plus profond de nous-même.

Dans l'acte de prier comme dans la technique prescrite par le docteur Coué il y a l'intériorisation et l'inscription d'un message, intériorisation dans notre subconscient, inscription dans les processus physiologiques. En d'autres termes, nous assistons à l'incarnation d'une parole. Ce message positif que nous devons nous répéter à nous-mêmes comme une litanie s'insinue dans les tréfonds de notre biologie et dicte notre volonté. Nous possédons tous deux pouvoirs immenses : un pouvoir de guérison et un pouvoir de maladie. Ces deux pouvoirs sont déterminés par l'action de la pensée sur la matière, l'action du langage sur le corps. Chaque maladie, chaque trouble physique ou psychique trouve son ressort dans cette confrontation à la fois fascinante et terrifiante du spirituel et du corporel. Je pense que toute symptomatologie actualise le mystère de l'Incarnation, mystère qui restera toujours invisible et impensable pour la science positiviste.

Face

MIRACLE ! À ce mot le croyant illumine, évoque le Christ le mot mais aussi Lourdes, les mystiques, grande attrape des prosélytes, le miracle, précipite les conversions par l'étalage de la Toute Puissance Divine, plus perfide, s'affirme menace pour le mécréant, l'avertit qu'il ne coupera pas au Jugement et payera sa dissidence à la Loi ! Imposture, l'accaparation du miracle par l'Église, occulte que le prodige s'opère aussi dépouillé de toute miséricorde, on en revient au placebo qui n'est pas qu'affaire psychosomatique ou de bobos bénins, à l'occasion, amplifie authentique miracle laïc !

Légions, les histoires sur le phénomène, colportées par la rumeur, la plus célèbre et donc la plus dénaturée à force d'être resservie à la mâchouille approximative, mérite une nouvelle narration après reconstitution tatillonne des faits à partir de témoignages fiables parus à l'époque.

Nous sommes en 1957 en Californie, Mr Wright, homme d'affaires, incarnation du « rêve américain », le dynamisme flambant avec, en permanence sous la langue, un encouragement pour tout trébucheux à l'enthousiasme, emblématique, monsieur Wright, même si sa réussite par trop impressionnante, interdit le pommadage direct. À la fois paternaliste et inaccessible l'homme parti de rien, clandestine sa popularité, dans son dos le crépitement aux louanges et puis, un matin, lui, l'exemple asséné aux gamins en aiguillon de motivation, au lieu de jaillir tout gaillard du lit, découvre les lois de Newton ! Quelle pesanteur sa carcasse ! Digne des travaux forcés son lever, allez allez, au tempérament de conquérant qu'il rameute l'énergie, avec à la rescousse du phénoménal effort, un double café. Décevant le petit noir, le secoue à peine, et malgré la multiplication des tasses tout au long de la journée, il mollassonne ! Le gorgement aux vitamines, dès le lendemain, n'eut pas plus d'effet, la lassitude l'empesait de plus en plus. En traîne de limace le symbole de la pétillance, comédien de lui-même, se retoquait l'apparence à la crispation d'un sourire ! Dura une semaine son pathétique théâtre, totalement épuisé, il consulta. Dès la palpation le médecin découvre des tumeurs grosses comme des mandarines… Biopsie, analyses… verdict : un cancer foudroyant au dernier stade. Fatal le diagnostic, trop tard pour opérer, et encore plus pour la prescription d'un traitement. Tel l'innocent condamné à mort, Mr Wright refuse la sentence, hospitalisé, mobilise ses relations pour dénicher les hypothétiques chercheurs en expérimentation d'une molécule révolutionnaire, comme ça, qu'il finit par apprendre qu'effectivement une équipe amorce le test d'un sérum, le « krebiozen ». Hélas pour lui, bouclé le panel de patients, protocole d'application déjà entamé. Pas vaincu Mr Wright, sa peau l'enjeu, filou au traficotage d'influence, voire même, peut-être, un brin soudoyeur avec un don rondelet pour la recherche, toujours est-il, qu'il l'arrache, la place de cobaye bénéficiaire du krebiozen mais, hors liste, trop irréversible son cas. C'est le docteur

Philipp West, qui, un vendredi après midi, lui injecte sans illusion la substance. Trois jours plus tard, soit le lundi, lors de la visite de routine quotidienne aux malades, l'homme de l'art découvre son condamné requinqué histrion en éclats de rire avec deux infirmières. Médusé le docteur West, improvise séance, une auscultation, il a beau fourgonner les chairs, sous les doigts, rien, rien, plus de tumeurs ! D'autant plus invraisemblable, paranormal, le constat, que, comme tout traitement, l'espoir de résultat repose sur un processus échelonné sur plusieurs semaines. Pourtant les radios corroborées par des numérations globulaires confirment, comme le consigna le docteur dans un registre de soins, « que les tumeurs ont fondu comme neige au soleil ». Pareil certificat à l'estampille médicale incontestable aurait à Lourdes valu à la guérison quasi spontanée, la griffe « miracle » surtout, que le ressuscité, emballé à la félicité, rayonnait dès le lendemain, à la tête de ses affaires. Plus en admiration mais en adulation, son entourage et, bien que son cas ne puisse être relié à une quelconque mansuétude céleste, certains l'auréolaient « élu de Dieu » avec d'autant plus d'empressement, que les coups en bourse qu'il réussissait, étaient trop inouïs pour dépendre uniquement de l'intuition où même de la stricte baraka ! Invraisemblable et, ô combien, fragile la chance de Mr Wright deux mois plus tard, détraquée par une brève dans les journaux :

> « Fin d'un espoir. Le krebiozen, nouveau remède contre le cancer dont les chercheurs attendaient beaucoup, s'avère un échec dès la première phase d'expérimentation sur des patients. »

Pas rafale, ni même assommoir, la nouvelle, à sa lecture flagelle à peine, c'est au pilonnage, qu'elle le dégomme ! « Fin d'un espoir, fin d'un espoir… » ça l'infiltre doucement, s'amplifie, pas le moindre répit, « fin d'un espoir, fin d'un espoir », l'obsession carambouille ses pensées, n'en dort plus, la fatigue le prend puis les douleurs, quarante-huit heures plus tard, retourne en panique à l'hôpital où le Dr West ne peut que constater la fulgurante rechute avec réapparition des tumeurs, toutefois, encouragé par la rémission initiale, ose la conjuration du sinistre diagnostic au mensonge, « tout va bien, c'est un coup de fatigue » assène-t-il guilleret. Pas dupe, le moribond : « Docteur, inutile de mentir, je suis foutu, j'ai lu que le krebiozen est un échec », la jérémiade entête le toubib à la pantomime : « Sornettes tout ça ! Que du potin, vous connaissez les journalistes, si c'était vrai, ils en auraient fait des gros titres, en réalité, les premiers résultats sont supérieurs à ce que l'on attendait » et, dans cette posture nimbée de certitude qui préside tout acte médical, il procéda à l'injection d'une double dose de krebiozen, « c'est un nouveau dosage, assura-t-il, encore plus puissant que le premier ». Bien sûr, s'agissait d'un placebo, en l'occurrence, quelques centilitres d'eau, ce qui n'empêcha pas la répétition à l'identique de la guérison, hélas, le miraculé resta assidu à sa revue de presse matinale, et, trois mois plus tard, ce ne fut pas au minuscule écho que lui vint l'assassine information, mais en gras, proclamé à toutes les unes l'échec du krebiozen ! Infalsifiable, cette fois la révélation ! Trois jours plus tard, l'affaire du krebiozen trouvait une conclusion clandestine à la rubrique nécrologie avec la parution du faire-part de décès de l'emblématique Mr Wright !

Peux vous en conter une autre, histoire, plus proche, celle de l'ami d'un professeur de mes filles, la quarantaine, ligne en boursouflures et trogne colorée de l'abonné aux agapes. Comme Wright, un beau jour, décline à la forme, de plus en plus raplapla, sa femme préoccupée le presse de consulter et comme le moral finit lui aussi par clocher, le joyeux drille, agent d'assurances de son état, concède la visite à l'autorité médicale. L'épouse, qui prend le rendez-vous, comme elle connaît le caractère anxieux de son mari, demande que la vérité lui soit cachée dans l'hypothèse d'un diagnostic inquiétant. Dès l'amorce de la consultation se confirme pas folichon l'état de santé de l'homme en pleine force de l'âge, écope d'une tension digne d'Hibernatus, le toubib masque l'alarmante mesure au ton badin : « Rien de méchant, qu'une sévère fatigue, va falloir que vous passiez au régime fonctionnaire, moins de travail et moins d'affaires traitées aux déjeuners. Là-dessus, une bonne cure de vitamines et vous serez vite requinqué. » Pour confirmer tout ça, « vous allez juste me passer quelques examens. » Funestes les résultats : métastases généralisées ! L'épouse, la première, à la révélation, tout traitement étant inenvisageable, elle réclame de nouveau au médecin qu'il taise la vérité d'autant, argue-t-elle, que son homme se sent tout revigoré par les vitamines.

« — Pas de faux espoirs, Madame, tient à l'avertir le généraliste, l'influence du placebo sur le moral, ça ne va pas durer ! Il est de mon devoir d'informer votre mari du sort et des souffrances qui le guettent. De quel

droit pourrais-je le priver de profiter du peu de temps qui lui reste à vivre pleinement pour régler ses affaires ?
— Docteur, l'annonce va l'effondrer et précipiter sa fin !
— Désolé madame, c'est une question d'éthique. »

S'en moquait, elle, de l'éthique, sa conscience la pressait de prolonger la pantomime des vitamines qui, à défaut de sauver son mari, le cinglait à l'optimisme et entourloupait la douleur. Maudit définitif le toubib et sa rigueur à l'éthique, le laisserait pas sabrer son homme, foutu pour foutu, elle allait lui pommader le moral à l'abus de confiance.

Dès le soir, lui bichonne un tête-à-tête aux chandelles, en l'honneur lui assure-t-elle de sa flamboyante santé certifiée par la faculté : « Le docteur m'a appelé, analyses et examens confirment que tu souffres juste d'un surmenage, faut que tu continues les vitamines, et pour être sûre, que tu te reposes sérieusement, j'ai anticipé nos 20 ans de mariage. Comme j'avais économisé pour nous offrir un voyage l'année prochaine, eh bien ! on va partir deux semaines aux Caraïbes. » Concourt à l'embellie le détour au bout du monde, au retour, bruisse conquérant, le moribond au faire-part programmé, les semaines s'enchaînent, de plus en plus vampirisé par le travail, affaires traitées de nouveau aux bonnes tables, toutefois, sans s'astreindre au régime, chipote à la fourchette et dans les cocktails boude les mignardises, se satellise à distance des buffets, c'est lors d'une de ces cérémonies en convivialité de panses et de gosiers que, six ans plus tard, tout jouisseur de l'immarcescible entrain qui lui agglutine le monde en lucioles, il repère un homme planté en statue qui exorbite à le dévisager. Tellement intrigante, l'ostentatoire fixation, qu'en retour, il entre en scrutation, pour autant, esquive la bataille aux prunelles qui s'impose, lance son regard sur le front, glisse au crâne totalement lisse, dégringole sur le nez en bec de perroquet, saute aux lèvres crispées à l'ébahissement, élargit le champ, embrase toute la bouille, y a pas, le connaît ce globe blafard, bon sang où l'a-t-il vu ? La mémoire peine aux souvenirs, c'est alors que l'autre claque à l'interrogatif « Monsieur Lefèvre ? ». Pas du tout adaptée à la forte stature, la voix, elle drille, impossible de l'oublier et tandis qu'elle rebalbutie « Monsieur Lefèvre ? », il l'entend lui badigeonner « *rien de méchant, qu'une sévère fatigue, va falloir que vous passiez au régime fonctionnaire* », pas de doute, c'est bien le seul toubib qu'il n'ait jamais consulté qui cambre tout nigaud à son approche « ça alors ! », couine l'esbaudi en saisissant la main qu'il lui tend :

« — Je ne rêve donc pas, c'est bien vous ?

— Bah oui Docteur, s'esclaffe l'agent d'assurance, on dirait que vous découvrez un revenant !

— C'est presque ça, lâche l'autre avec une franchise candide toujours sous l'emprise de la surprise, j'avais annoncé à votre femme que vous n'en n'aviez plus que pour quelques semaines, les examens étaient formels : cancer généralisé ! Ah, je n'en reviens pas… Vous êtes un miraculé ! On va arroser ça, j'ai besoin d'un remontant après un tel choc. Cet échec de la science me réjouit, il est vrai… » n'était plus là, Lefèvre, une ouate l'éloignait de l'assemblée, pas sur un nuage pour autant l'anxieux à la fibre hypocondriaque, au contraire, se sentait, lourd, lourd, harassé tandis que la voix lui vrillait au refrain : « formels les examens : cancer généralisé ! »

Dès le lendemain, fièvres et douleurs le récupéraient à la virulence revancharde et en trois jours le culbutaient aux racines ! « Fulgurante rechute aussi inexplicable que la rémission » siflûta la voix de la Faculté alors que l'Église mêlée à l'histoire après coup, appelait au dernier hommage à la grande valdingue de cloches. Pour la veuve, devoir de dignité la bénédiction du goupillon dans toute sa pompe, distingue l'homme de la bête à l'instant de la bascule au trou, pour autant, pas du tout dernière volonté du défunt le détour buissonnier par l'église avant le cimetière, lui, le drille dodu comme un moine avait consacré sa vie aux dévoiements fêtards, bien braillard au souffle paillard, et avec ça, farouche pourfendeur du Créateur, « ce Père indigne si salopard avec la faible créature ». Son agonie le montra encore plus bravache aux blasphèmes : « Quel Sadique, s'Il existe, que me reproche-t-Il pour m'infliger pareils supplices, de ne pas m'être avili aux prosternations devant Lui ? Ah, Il va m'entendre le Mégalo s'Il me traduit devant Lui avant de m'expédier en enfer ! »

Pas broderie futile cet étalage minutieux aux détails après rencontre de Madame Lefèvre, me paraît indispensable pour bien montrer que la longue rémission « miraculeuse » et les rechutes de son époux dépendaient uniquement de sa croyance en l'efficacité d'un traitement illusoire, un pur prodige naturel, indubitable, où la physiologie rompt de façon déconcertante avec les lois immuables qu'on lui reconnaît, de sorte que se trouve ainsi établi le constat formel d'un phénomène paranormal !

Voilà qui devrait instantané, lever chez tout être pensant, le désir jubilatoire d'une réflexion frénétique sur le sujet. Hélas, scientistes et reclus en spiritualité, sous l'emprise de leurs dogmes respectifs fusionnent au tollé à ma narration. Outrés les deux camps, tous, aux trépignements, les uns crépitent à la litanie : « Effet placebo, effet placebo ! Aller plus loin, c'est faire le lit des obscurantistes. » les autres pérorent « L'histoire illustre bien l'immanence de Dieu et ses impénétrables mystères ! De nombreux brigands patentés, parfois même ignobles sanguinaires, ont connu un beau jour le miracle suprême, celui de la Révélation, ce qui les conduisit à la sainteté ! » Et les férus de l'indicible, persuadés de m'assommer à l'imparable démonstration de décocher : « Le miracle n'est ni récompense de ferveur, ni le bénéfice d'un pacte secret avec le Seigneur, qu'un motif originel au miracle : l'illumination ! Les auspices divins frappent d'autant plus les esprits qu'ils touchent un scélérat, un impie ou un besogneux à la foi. » Et les plus érudits à la chronique mystique de se ravir en conclusion, à l'évocation de quelques exemples des 67 miracles de Lourdes certifiés par la Faculté.

À pic l'évocation ! Pour nous prémunir des arrangements à l'angélisme béat, vous propose de fouiner le dossier en toute indépendance à partir des notes de lectures et témoignages conservés des trois émissions que j'ai consacrées au sujet à la radio.

Que 67, donc, les cas reconnus par l'Église sur certification de la Faculté, 67 en 150 ans, 67 sur des milliers de malades venus engagés la maigre énergie qui leur restait à la supplique de la grâce divine. Tellement infinitésimal, le nombre, qu'à lui seul n'aurait jamais généré le déferlement de pèlerins sur le saint lieu. Grâce à la rumeur, l'engouement, à l'en croire la rumeur, pas si rares les témoignages de personnes arrivées décharnées, grabataires, collés sur un fauteuil roulant ou recroquevillés sur un chariot et repartis 48 heures plus tard, tout gaillards, plus pimpants que leurs accompagnateurs. Pas bourrage de crânes d'hallucinés, la rumeur, confirmée par le docteur Patrick Theillier responsable depuis 1998 du bureau médical de Lourdes dont la tâche est de juger la recevabilité des demandes de reconnaissance du prodige, cela, après une étude minutieuse plus tatillonne que celle d'un juge d'instruction, de toutes les pièces médicales fournies, des conditions de la manifestation des phénomènes et l'écoute des témoins éventuels. Tous les ans, une cinquantaine de candidatures arrivent ainsi sur le bureau du médecin, au moindre doute, clac ! classé irrecevable la requête ! Impitoyable au crible, le toubib, toutefois, lui et ses confrères qui l'ont précédé à ce poste, ont sauvé du rebus 7012 postulants au miracle, ce qui auréole d'une certaine crédibilité la fameuse rumeur qui se contente de ce chiffre pour attiser les ferveurs. Beaucoup plus suspicieuses les autorités, au point d'avoir créé conjointement au bureau, un comité, le CMIL (Comité Médical International de Lourdes) chargé d'approfondir chaque cas, composé de 21 membres, uniquement médecins, à l'origine tous Français mais, depuis 1954, mâtiné de dix confrères, Européens, tous recrutés par adoubement. Pluridisciplinaire la docte assemblée. Y siègent, psychiatres, gynécologues, gérontologues, cancérologues, endocrinologues, orthopédistes, chirurgiens cardiaque et vasculaire, spécialistes des maladies infectieuses et tropicales. Mission du comité : ausculter en profondeur le dossier (plusieurs années si nécessaire) avec recherche d'une éventuelle cause de guérison explicable à la lumière de publications récentes sur la pathologie diagnostiquée, aussi consultation d'experts du monde entier, ce n'est que quand le comité estime posséder tous les éléments indispensables à un délibéré objectif, qu'il place le dossier à l'ordre de la réunion annuelle qui, à l'automne se déroule, soit à Lourdes, soit à Paris, les débats se cantonnent aux éléments strictement cliniques et se concluent par un vote à la majorité simple.

Qu'un avis, le résultat ! À l'Église la décision finale, dossier remis à l'évêque de Tarbes et de Lourdes qui, lui, l'étudie en le recoupant avec les témoignages des circonstances religieuses dans lesquelles s'est produit le phénomène. Enfin, ultime étape, les pièces sont transmises à l'évêque du diocèse dont dépend l'ancien malade, qui, à son tour, convoque une commission pour « authentifier le caractère exceptionnel de la guérison inexplicable au regard des connaissances actuelles de la science, et en conséquence, promulgue le miracle ».

Tellement drastique la sélection, qu'à elle seule, justifie l'effondrement de la courbe des statistiques, peut-on d'ailleurs parler encore d'une courbe tant est rare l'attribution de la griffe « miracle », la dernière remonte à 2005, précédée d'une en moyenne tous les dix ans : 1999, 1989, 1978 !

Rien à voir avec la phénoménale série de 1858, année des apparitions, sept guérisons inexplicables officialisées par Monseigneur Bertrand Sévère Laurence ou encore, l'emballement invraisemblable en 1908, anniversaire du cinquantenaire record absolu cette année-là, avec vingt promulgations ! Attention, nuançons l'effet d'annonce, la validation ne signifie pas que les miracles se sont enchaînés en quelques mois, non, étaient survenus entre 1875 et 1905. À la multiplication des phénomènes, c'est la période 1909-

1910 qui flambe avec cinq miracles. Pauvrette, la décennie suivante, chambardée il est vrai par la barbarie de la Grande Guerre, ne compte que 6 cas, pis, en 1929, tandis que le monde bascule aux ténèbres : la crise, la montée du nazisme, enfin la Deuxième Guerre mondiale, Lourdes entame une disgrâce céleste, il faut attendre 1946 pour que soit homologué le 41e miracle. Sur une nonne, la grâce, Sœur Marie-Marguerite, pensionnaire d'un couvent à Rennes, en 1937, après plusieurs infarctus et la détection d'un abcès au rein gauche, la Faculté lui promet, à 64 ans l'imminence de son entrée au Paradis. Heureuse, la perspective pour la fiancée du Seigneur ! En préparation de ses retrouvailles avec le Bien-Aimé, demande le voyage à Lourdes pour une neuvaine purificatrice. Le 22 janvier, dernier jour de son séjour, après une prière, Sœur Marie-Marguerite se redresse d'une impulsion juvénile ressuscitée comme son Promis, ce que confirmerons les examens médicaux. Annonciateur du retour de la bénédiction divine sur la grotte, le cas, entre 1950 et 1960, treize guérisons obtiendront le sceau sacré, et huit, entre 1960 et 1978.

Pour que chacun marine une opinion sur le mystère, tentons de repérer d'éventuelles concomitances dans les 67 cas. Une seule s'impose, le sexe des miraculés, féminin à 80 % ! Pas du tout révélateur d'une bienveillance particulière du Ciel pour les alliées du tentateur, le constat, simplement, elles, les femmes, les plus nombreuses à l'imploraison de l'impossible guérison, néanmoins, pas déterminant le zèle à la prière, ni même la foi « charbonnière », la preuve, seuls huit religieuses et trois prêtres ont bénéficié du prodige. De tous les horizons, les autres, ouvriers, agriculteurs, bourgeois, sans oublier un militaire et un chérubin de deux ans, Justin Bouhort. Amorcée, la liste, dès la quinzaine des apparitions à la petite Bernadette dont la première remonte au 11 février 1858, l'élue, une habitante de Loubajac, hameau à quelques kilomètres de la grotte par un chemin caillouteux propice aux entorses, Catherine Latapie qu'elle s'appelait, à trente-huit ans, fanée prématurée par les travaux dans les champs entamés dès ses cinq ans aux corvées à la ferme des parents. Un exemple à la tâche, la Catherine, plus encore, après le mariage et les enfantements, de l'aube à pas d'heure sa prodigalité au servage, rien ne la rebute, faut bien aider l'homme pour nourrir la marmaille ! Ah, n'ont pas à se plaindre les petiots, estomac bien calé midi et soir à la potée et au gros pain qu'elle fabrique elle même. Deux fois l'an, la famille pâme du palais par le sacrifice d'un des trois cochons en patouille de lisier dans un enclos au fond de la cour. C'est pour gaver les groinchonneux, qu'un matin d'automne, elle dégringole les glands à la gaule, cingle si fort, Catherine, qu'elle se déboîte l'épaule, elle, qui gueule comme à l'égorgement, néanmoins, s'arrange avec la douleur, ne concède la consultation qu'après 15 jours de supplices quand, bras, main, doigts ne sont plus que pendouilles mortes à son flanc. Trop tard, avait affirmé le médecin consterné, définitive la paralysie ! Six ans qu'elle se bousculait infirme, Catherine, lorsqu'elle apprit la révélation de la Vierge à Bernadette. La dévotion la poussa le 1er mars 1898, à rejoindre la petite bergère qui voyait seule « la dame blanche », et c'est sans réfléchir, qu'elle plongea son bras dans l'eau glacée de la source jaillie le 11 février, instantanée la guérison, faucha net la ribambelle de fidèles qui dégringolèrent, ébahis, à genoux.

Suivront en quelques semaines des cas aussi invraisemblables, que la disparition d'une blépharite avec ectropion bilatéral (atteinte oculaire considérée incurable), d'une adèline fistulisée (ulcère du cou ayant gagné le thorax), d'une hémiplégie, d'une sclérose spinale antérolatérale, des tuberculoses, ce fléau de l'époque… aucune pathologie organique n'a échappé au phénomène en 150 ans, « hormis la repousse d'un membre », se gaussent les sceptiques qui considèrent que ce serait là, la seule accréditation indubitable des prodiges. Peux toujours m'accrocher à la litanie magique, moi, aller jusqu'à citer une gangrène envolée, s'en moquent, réclament, le manchot de retour à l'étreinte ou le cul-de-jatte soudain ambidextre aux coups de pieds aux fesses, pilonnent leur marotte, « effet placebo », en justification de la disparition d'un phlegmon fistulé, d'un rhumatisme vertébral, d'un cancer de l'utérus ou encore d'une sclérose en plaque comme ce fut le cas pour Jean-Pierre Bely. En octobre 1987, lui, l'infirmier reconnu invalide à 100 %, réclame l'escapade à Lourdes afin de recevoir le pardon du Seigneur. Recroquevillé sur un fauteuil roulant, il assiste à l'onction des malades. Au retour dans sa chambre, un fourmillement submerge ses bras, ses jambes, ses doigts, un flux de vie irradie sa moelle, et en pleine nuit, lui, le grabataire finit par oser se lever, incrédule, amorce une marche parfaitement sûre ! Inutile le récit, n'ébranle guère les baveux à la dénégation, n'ont cure que la science par la perfection de ses investigations technologiques les plus avancées soit garante de l'infaillibilité du diagnostic initial, obsessionnels à leur credo, « un manchot, un cul-de-jatte » qu'ils exigent en référence boursouffleux de suffisance, persuadés d'incarner l'intelligence ! En sabrage de leur pathétique posture, m'obstine à la narration, avec une histoire qui nous obligera à approfondir l'hypothèse de l'effet placebo comme cause du mystère.

Ne me vient pas à l'oreille par la rumeur, l'histoire, mais en confidence directe au micro, dans une émission un dimanche matin, en 1999, la découvre à l'antenne en même temps que les auditeurs, une règle que je m'impose, cette virginité sur mes interlocuteurs afin que l'échange ne soit pas frelaté à la redite de la pré-interview, qu'au contraire, il fièvre l'échange, lumine à la spontanéité du rebond qui débraille l'invité à l'émotion. Du confetti mes notes, une identité : Louise Jamain ; un âge : 85 ans ; un classement : 43e miracle officiel à Lourdes ; en prime une indication de mon assistante « très bonne cliente, voix claire, s'exprime bien ». Suis tout jouisseux de curiosité quand je demande au réalisateur de tinter au téléphone la vieille dame. Dès l'écho de la voix dans mon casque, crois à une erreur ou une farce, trop vif, mélodieux, le timbre pour une femme de cet âge, toutefois, recrédibilisé instantané par la sincérité, pétille l'enthousiasme à la fougue de jeunette, Louise Jamain ! Aboli le temps ! Si habile aux mots, Louise, qu'elle embobine l'imaginaire et, passe-passe de la radio, nous traîne à l'hôpital Laennec en 1936, dans une des chambres communes où l'on agglutine les bataillons de tuberculeux. Innombrables les foireux du poitrail à l'époque, est des quarante damnés en convulsions de volcan sous une couverture grise, cadavre en instance d'officialisation à 22 ans ! Si avancé son cas, que les sœurs se relayent aux murmures de prières à sa taie d'oreiller, ne les entend pas, les *Ave* et les *Pater* sont absorbés par le tintamarre des sifflements, râles et déchirements de quintes. Enfer pour ses nerfs, l'infect chœur, l'exaspère toujours, bien qu'il l'accompagne depuis sa naissance. D'abord familiale, la torture sonore, avait arraché, à grands crachats, la vie à son père puis, d'années en années, à ses quatre frères, enfin à sa pauvre mère, alors qu'elle-même était infiltrée à son tour clouée à 13 ans à l'hôpital Saint-Louis pour une péritonite bacillaire. Sous l'assaut de l'immonde bacille, termitière ses poumons. Pendant huit ans la médecine impuissante la brinqueballe de sanatoriums en hôpitaux, avec au détour, quatre opérations. Qu'une épouvantable survie, sa vie, mort logée en elle implacable à l'envahissement, l'avait amenuisée comme le feu d'une bougie, si bien qu'au printemps 1937 elle s'éteignait, Louise, résignée, crachats en salves comme ultimes étincelles, bien hardie à l'attente des délices de l'autre monde. C'est dire, sa contrariété, quand un matin, sœur Dominique, à l'omniprésence si douce à son chevet, lui annonce qu'elle sera du pèlerinage de l'été à Lourdes. Intolérable cet acharnement à la compassion, ô combien vaine la croyance au Bon Dieu, n'en attend plus rien, elle, Il l'a toujours ignorée, pour Lui, elle n'existe pas ! Inutile, le voyage à Lourdes, d'ailleurs, on l'a déjà trimballée là-bas les trois années précédentes, 1933, 1934, 1935 sans la moindre amélioration, aussi, décline la perspective, qu'on la laisse, qu'un autre prenne sa place à la grande loterie du Sacré. Postillons perdus son desiderata, car le malade au dernier stade n'est plus que ballot dans l'esprit des bien-portants, en particulier chez les bonnes religieuses qui ne reconnaissent que la volonté de l'Éternel. Entendu le sort de Louise, elle sera de la procession, pas pour guigner une hypothétique guérison mais pour dégoter la grâce spirituelle ce sésame des condamnés à l'Au-Delà. Et voilà Louise sur une civière, de plus en plus fantôme dans le train par l'effet tam-tam des boogies, quelle aubaine pour l'esprit, glisse doucement à la ouate. N'échappe pas au médecin en surveillance sanitaire, l'amorce de coma, en crainte du pire, ordonne que l'on isole Louise derrière des paravents, catimini dont profite la mort pour s'attarder au jeu du chat et de la souris, toutefois à l'arrivée, le crissement des freins recale Louise en conscience relative. Pas dupes les autorités médicales, ne la jauge pas authentique survie l'amélioration, à l'hôpital, Louise est placée dans une chambre, seule, cachée des regards. Au petit matin, un 1er avril, quand les aides-soignantes tentent de la réveiller pour la toilette avant de la conduire à l'office des grâces, elle reste sans réaction, le médecin alerté, diagnostique l'entrée en coma, perdue pour perdue, accepte la requête des sœurs d'acheminer Louise à la piscine où on la plonge moribonde dans l'eau glacée « en l'honneur et la gloire de la Sainte Trinité ».

Qu'une saisie, l'immersion, malgré le choc thermique Louise reste aux nuages, pour les nonnes qui la recalent précipitamment sur la civière, aucun doute, le Seigneur dans son immense bonté, s'apprête à accueillir, à ses côtés, l'innocente, dont la descente sur Terre n'aura été que 22 ans de calvaire. C'est par pure convenance de procédure d'urgence qu'à son retour à l'hôpital, elle est placée sous ballon à oxygène irréversible l'agonie, tant et si bien et qu'un prêtre lui administre l'extrême onction « pour tout le monde c'était fini » pouffe Louise Jamain au téléphone sur un ton jubilatoire contagieux :

« On m'a même retiré le ballon, je vous raconte tout ça mais j'en sais rien, c'est ce qu'on m'a rapporté après, moi, je n'étais plus là, pas encore ailleurs, non plus, ajoute-t-elle goguenarde, du moins je me souviens de rien, en revanche, ce qui m'est resté d'une clarté absolue dans ma mémoire, c'est mon réveil à trois heures du matin, comme montée sur un ressort, me voilà soudain qui me redresse, et moi mourante depuis des mois, je me sens pleine de vie et surtout j'ai faim, faim comme jamais, une faim inimaginable pour moi, et c'est ce que je me surprends à clamer : "J'ai faim !", ça réveille la sœur en somnolence sur une chaise à mon chevet "Oh mon enfant !" qu'elle balbutie ahurie "Recouchez-vous" et moi j'insiste : "J'ai faim, ma sœur." Elle remercie la Sainte Vierge, crie au miracle, deux autres nonnes accourent, on m'apporte café au lait et biscuits tout ce qu'elles trouvent en pleine nuit aux cuisines, je dévore comme un ogre et puis, hop, d'un bond je me mets debout, et moi qui n'avait plus marché depuis des mois, je traverse à grands pas la pièce !... Ah, imaginez le branle-bas, les médecins qui se précipitent et les malades capables de se déplacer seuls qui rappliquent à leur tour, heureux pour moi mais aussi pour eux, Dieu dans sa miséricorde, accorde toujours des miracles ! »

La Faculté, elle, avalise aussitôt le prodige, toutefois, à cause de la guerre, le dossier ne sera examiné selon le processus que je vous ai décrit précédemment, qu'en 1951, avec cette conclusion du Cardinal Feltin archevêque de Paris :

« Le seul énoncé des faits dûment constatés par des observations précises et des témoignages directs suffit à démontrer que nous sommes en présence d'une guérison humainement inexplicable qui doit être attribuée à une intervention surnaturelle, celle de la très Sainte Vierge Marie implorée avec confiance [1]. »

Pour le moins abusive la conclusion, du moins, comme on vient de le voir, pas imputable à Louise Jamain l'imploration en confiance, non seulement pas de sa volonté le voyage à Lourdes qui, je vous le rappelle, était le quatrième, mais surtout, et, c'est là l'élément crucial pour aller plus loin dans la réflexion avec Serge, elle était dans le coma au moment de l'immersion !

Bien sûr, il nous faut d'abord nous interroger sur cet état physiologique étiqueté « coma », sachant que la science a déterminé quatre stades dont l'ultime correspond à la mort cérébrale. Que se passe-t-il dans les divers degrés, en quoi sont-ils différents du sommeil et des états modifiés de conscience déclenchés par exemple par les transes ou l'hypnose qui se déclinent eux-mêmes en seuils plus ou moins profonds. N'aborde-t-on pas ici les frontières de la science avec en filigrane l'émergence d'une psyché distincte de l'homme-machine régie par les connexions neuronales, en clair, derrière ces champs limites de la conscience, ne débusque-t-on pas un élément éthéré de l'être humain, la fameuse âme trop souvent réduite de nos jours à sa résonance religieuse monothéiste alors que toutes les civilisations la tiennent pour le fonde-

1. Propos rapportés par Pierre Lunel dans son livre *Les Guérisons miraculeuses* chez Plon en 2002.

ment du vivant à commencer par nos ancêtres les Grecs. Serge, toi le docteur en philosophie, ne peut-on pas dire que les théories sur l'âme sont une des bases de la philosophie ?

Pile

Tout d'abord, il faut distinguer les mots. Nous utilisons souvent des mots grecs qui n'ont plus le sens qu'ils avaient dans l'Antiquité lorsqu'ils étaient prononcés par Socrate ou par les philosophes antérieurs. J'aime beaucoup cette remarque conditionnelle de Jean Paulhan : tout aurait été dit *si*...

> « Tout a été dit. Sans doute. Si les mots n'avaient changé de sens ; et les sens, de mots. »

Le mot grec *psyché* est traduit par le latin *anima* qui a donné « âme ». Dans les deux cas, nous retrouvons l'idée d'un souffle. Désignant aussi « l'esprit », le mot *psyché* est une onomatopée imitant l'expiration. Le mot latin *anima* vient d'une autre racine grecque *anèmos* qui signifie le vent, l'air, le souffle – racine que nous retrouvons dans le mot anémomètre. La *psyché* des Grecs est aussi étrangère à l'*âme* chrétienne qu'à la conscience telle que nous la concevons depuis Descartes. Voici encore une question de vocabulaire ! Au sens psychologique, le mot « conscience » désigne classiquement la connaissance que l'esprit a de lui-même. Elle est alors considérée comme la forme générale, la condition nécessaire, le mode fondamental de tous les faits psychologiques. Le monde ne nous est connu que lorsqu'il est rapporté à un système de représentations, c'est-à-dire d'états de conscience. La conception grecque de la conscience est radicalement différente ! Les premiers philosophes de la Grèce étaient des « physiciens » pour qui l'âme était un élément matériel d'une nature subtile. Ils ne se demandaient pas ce qu'était la pensée parce qu'ils ne réduisaient pas la connaissance à un rapport entre sujet et objet. L'inétendue n'étant pas distingué de l'étendue, ni l'incorporel du corporel, la conscience n'était pas opposée aux sens. La distinction s'est s'établie plus tard avec des philosophes présocratiques comme Empédocle et Anaxagore. La subjectivité va progressivement apparaître. La célèbre formule de Protagoras « L'homme est la mesure de toutes choses » indique que la connaissance ne dépend pas seulement de l'objet connu, mais du sujet qui connaît, qu'elle est un rapport qui dépend à la fois des deux termes qu'il résume. C'est un rude changement de conception et de compréhension du monde.

Restons encore avec ce mot « conscience » qui nous est aujourd'hui tellement familier. Il n'existe pas de mot grec correspondant au sens moderne de *conscience*. C'est progressivement, sous l'influence de l'école stoïcienne, que la notion de conscience prendra place dans la philosophie grecque. Les philosophes stoïciens désignent un principe qui commande la sensation et le désir, ce principe correspond en quelque sorte à *ce qui pense* et *ce qui veut* en nous ; ce que l'on connaît par conscience. Cette conscience est de type sensoriel, une sorte de tact intérieur, par lequel l'âme perçoit sa propre tension. En fait, les

Grecs reconnaissaient bien cette conversation de soi avec soi que la psychologie moderne pose comme parangon de la vie intérieure. Mais cette reconnaissance grecque d'un dialogue intérieur n'est en rien comparable à la conception de l'intériorité telle qu'elle existe dans la psychologie moderne. L'absence de mot grec équivalent au sens moderne de conscience ne signifie pas une carence de la psychologie des Grecs. La grande variété des expressions et des termes renvoyant à un rapport à soi et à un jugement moral, la richesse des descriptions de caractères, de réactions, d'émotions et de sentiments et les interprétations audacieuses de phénomènes aussi divers que les lapsus, les rêves, les actes manqués, les hasards remarquables, etc., sont autant d'aspects de la psychologie dans lesquels les Grecs excellaient. D'Homère aux tragiques, nous trouvons de nombreuses descriptions psychologiques remarquables par leur finesse. Jacqueline de Romilly précise :

> « Si les Grecs sont bons psychologues dans la mesure où ils décrivent bien la conduite de leurs personnages, ils ne sont pas du tout intéressés par la psychologie, en tant que description de la vie intérieure [1]. »

Les Grecs ne fondaient pas leur psychologie sur la notion d'intériorité… Leur conception de la psyché impliquait plutôt l'idée d'une extériorité, en quelque sorte l'idée d'une « pensée extérieure » et, plus encore, une pensée qui ne siège pas uniquement dans la matière cérébrale. Un aspect irrationnel peut apparaître lorsque

1. (de) Romilly Jacqueline, *Patience mon cœur,* Paris, Éditions Les Belles Lettres, collection Agora/Pocket, 1991, p. 11.

nous considérons, à la lumière de la science moderne, la question du siège de la pensée pour les Grecs : comment mettre en doute aujourd'hui la certitude médicale et psychologique concernant le siège cérébral de l'intelligence, de l'affectivité et de la partie spirituelle de notre être ? Aujourd'hui, un chercheur qui remettrait en question le postulat scientifique que constitue *le siège cérébral de la pensée* risquerait les objurgations de ses collègues et les accusations d'obscurantisme en même temps qu'il verrait ses travaux relégués dans les registres très péjoratifs du paranormal ou de la parapsychologie. Or, pour les Grecs l'essentiel de ce qui constitue notre « esprit » ne se situe pas dans la tête mais dans différentes parties de notre corps en fonction de nuances ignorées de la psychologie contemporaine, mais il n'y a rien là que nous puissions qualifier de « paranormal ».

La normalité grecque dépasse le cadre d'une rationalité dont les limites sont déterminées par notre conception contemporaine c'est-à-dire cartésienne de la pensée. Cette *non rationalité* ne désigne rien qui concerne spécifiquement les Grecs puisqu'elle ne désigne qu'un effet de rapport à la norme contemporaine. Cette *non rationalité* nous informe plus sur les limites de la psychologie moderne que sur le savoir Grec. Un autre aspect « irrationnel » est très présent dans l'Antiquité grecque : l'importance accordée aux mythes. Pour décrire les réalités qui concernent les âmes – leurs sièges, leur destinée, leur immortalité – les penseurs grecs usent de nombreux mythes. Cette utilisation d'un « langage mythologique ou symbolique » ne témoigne pas d'une insuffisance conceptuelle mais constitue au contraire un choix privilégié pour saisir au plus près les éléments sous le seuil de la conscience. À son tour, plus de vingt siècles après la pensée grecque classique, Sigmund Freud utilisera constamment le matériel mythologique pour construire sa théorie de l'Inconscient. Il souligne que la psychanalyse établit des rapports surprenants entre le rêve, le mot d'esprit, les névroses, le mythe. À plusieurs reprises, il signifie que l'approfondissement de la symbolique du rêve l'a conduit au cœur de la mythologie. Dans *Cinq leçons sur la psychanalyse*, Freud écrit :

> « J'ai encore constaté, dans l'analyse des rêves (et je tiens à attirer votre attention là-dessus), que l'inconscient se sert [...] d'un certain symbolisme qui, parfois, varie d'une personne à l'autre, mais qui a aussi des traits généraux et se ramène à certains types de symboles, tels que nous les retrouvons dans les mythes et les légendes. »

Le mythe grec ne dit rien *de* l'irrationnel mais il dit *par* l'irrationnel. C'est par cet irrationnel que l'on peut s'approcher au plus près de l'énigme qui fonde la condition humaine : l'énigme de la pensée. L'histoire de la philosophie depuis les premiers siècles de ce qu'il est convenu d'appeler la philosophie présocratique jusqu'aux stoïciens, à l'Académie et au Lycée est l'histoire d'une recherche permanente sur le fondement de cette parole qui semble inexorablement traverser l'homme et qui constitue, par le simple fait d'être entendue quelque part en soi ou quelque part ailleurs, une énigme.

La question du siège de l'âme[2] ou du siège de la pensée constitue un aspect de cette énigme. La question est essentielle parce qu'elle ouvre un vaste champ de réflexion pour les phénomènes dits surnaturels. La pensée ne peut être réduite à un fonctionnement cérébral. Elle n'est pas uniquement dépendante d'une neurobiologie. Ainsi, pour les Grecs à l'époque d'Homère, ce n'est pas la pensée qui dirige le corps. L'action vient d'une parole qui « circule » entre les parties du corps, véritables *organes de la conscience*. Nombreux sont les exemples illustrant la localisation d'une pensée qui parle à partir d'organes tels que le cœur, l'estomac ou le diaphragme et le thymus. Pour les Grecs, l'homme pense ses pensées et sent ses émotions dans son cœur, mais aussi dans les autres organes de la conscience.

Les conceptions actuelles de la psychologie cognitive présentent l'activité mentale comme un ensemble de fonctions cognitives distinctes des mouvements du corps, en quelque sorte un fonctionnement cognitif pur de tout élément de caractère émotionnel ou moteur. Si, à la différence des Grecs, nous distinguons et séparons le fonctionnement purement intellectuel ou cognitif du fonctionnement organique, c'est que nous réduisons la pensée à un siège cérébral. Au temps d'Homère la conscience est un souffle qui va et vient, se répand dans le corps, varie avec

2. Platon dans le *Timée* distingue trois sièges de l'âme : le principe immortel, semblable à l'Âme du Monde, siège dans la boîte crânienne, l'âme irascible est située dans le thorax, siège de la colère, du courage et de l'ardeur et l'âme désirante, responsable de l'appétit, du plaisir, de la douleur est située entre le diaphragme et le nombril. Aristote puis plus tard Plotin décrivent une division quadripartite de l'âme en distinguant l'âme végétative, l'âme sensitive, l'âme désirante et l'âme raisonnante.

la pensée, avec les sentiments et avec les émotions. Sentiment et pensée sont une œuvre des poumons ! Aujourd'hui, vingt-huit siècles plus tard, de nombreuses expressions langagières indiquent encore ce lien étroit entre la « respiration » et la pensée comme « avoir le souffle coupé », « soupirer de tristesse », « retenir son souffle », etc. Toutes ces expressions concernant la pensée peuvent paraître étranges au regard des conceptions psychologiques contemporaines qui considèrent les manifestations corporelles (respiration, activité cardiaque) comme des simples effets voire des épiphénomènes de la conscience. La lecture d'Homère révèle une conception de la conscience qui repose sur un souffle et plusieurs lieux constitués par les organes de la conscience. Un souffle qui vient de l'extérieur et remplit les organes de la conscience comme le vent s'engouffre dans les branches des arbres. Dans cette conception ce ne sont pas seulement les émotions (peur, colère) qui sont insufflées aux hommes par les dieux mais aussi les pensées. C'est avec le souffle et les organes de la conscience qu'un homme pense et connaît. L'importance donnée à ces « organes de la conscience » qui trouvent leur siège dans la poitrine, les poumons et autour du cœur, n'élude pas la *psyché* dont le siège est la tête. Pour cette raison, la tête est à la fois sacrée, identifiée à la personne même, coupée lorsqu'un ennemi est tombé à terre. Le casque d'Hadès, parce qu'il enferme la tête et donc la psyché, rend invisible celui qui le coiffe. Au temps d'Homère, le cerveau était le véhicule de la vie elle-même.

Les Grecs disposaient de termes riches et de concepts forts, aujourd'hui intraduisibles ou incompréhensibles au regard des catégories de la psychologie contemporaine. Cette parole qui « circule » entre les *organes de la conscience* est très éloignée de notre conception moderne de l'intériorité ; elle est distincte du concept de *conscience*, lequel, depuis Descartes, désigne la saisie immédiate de la pensée par elle-même. C'est justement parce que les Grecs ne pensent pas *subjectivement* que la conception grecque de la pensée nous offre un point de perspective différent du nôtre, point de perspective à partir desquels le monde est pensé, point de perspective qui nous permettrait de mieux appréhender nombre de phénomènes inexpliqués dits « surnaturels ».

Face

DIVAGATION le concept des Anciens pour nos aboyeurs de la raison, n'a d'intérêt que dans le cadre de l'Histoire de la pensée, au nom de leurs connaissances fossoyeurs de la philosophie, étriquent l'art de la réflexion magistrale à l'éthique, étiquètent spécieuses balivernes les spéculations sur l'âme, pour eux, elles redisposent les cerveaux aux filouteries de la magie, à l'aliénation des superstitions, toutefois, magnanimes les suppôts de la raison pure, condescendent à chacun – au nom de la liberté – le droit de postuler l'existence de l'âme dans le cadre de la foi. Conditionnelle leur tolérance, restreinte à la référence aux religions institutionnalisées, exclut les spirites, les animistes, hurluberlus tous, et sales margoulins, infects imposteurs, les orchestrateurs du guignol des esprits, les médiums, chamans, sorciers, et autres *medecin men*. En sédition de l'intelligence les baliseurs de la pensée, foisonnent à la curiosité circonscrite aux lois établies, en occultent des dossiers corrélés à l'observation scientifique, vais de suite en ouvrir un, qu'ils osent l'humilité de le lire, les défie en conclusion de brandir hautains le bec pour claironner leur sempiternel « pure hallucination ! ».

Là encore, mon émission la source, avec à l'antenne un maçon de 37 ans, Adrien, pas du tout le costaud enflé aux pectoraux comme je le découvris plus tard quand il me fit l'honneur d'un pot partagé à l'annexe de la radio *Le Café Mode* lors d'un passage à Paris. Bloquée à l'adolescence son envergure, idéale pour courir les échafaudages à l'aisance de chat, à lui, les tâches délicates dans les encoignures inaccessibles, au cirque, lui vaudraient le triomphe ses positions d'acrobates d'autant que, tel l'artiste, sa bouille de garnement flamboie la joie, pupilles en fête et joues en cul de bouteille par habitude siffloteuses. Pas girouette à l'humeur, Adrien, même s'il aurait de quoi geindre, lui, le petit entrepreneur qui se contente d'un unique compagnon et d'un apprenti pour le seconder sur les chantiers. Dans ces conditions, à la seule réputation de sérieux les contrats qu'il décroche, deux impératifs : exécution irréprochable et respect des délais de réalisation ! Tyrannique le second engagement quand l'activité s'expose à l'extravagance de la météo, surtout comme c'est son cas, à l'Est de l'Hexagone. Aussi, pour rogner les retards, ne cesse de tâtonner ses dons de mistigri à l'excès de témérité.

Se comptent plus ses parades in extremis de l'épouvantable cabriole, pas lui pourtant que la frousse, zèbre aux frissons mais Tonio, son aide qui, médusé, bourriche aux arpettes en successions de stage. « Fais jamais ça toi, tu te romprais les os ! Le patron, il a un sacré ange gardien. » Ah, la trogne d'Adrien quand il surprend le leitmotiv, de sa toise bombarde en réplique : « l'écoute pas mon gars, c'est l'art et tout le plaisir du métier, la prise de risque ! Tu verras le pied, quand on est perché là, et, dis-toi bien que c'est pas l'ange ou la chance ta protection mais la concentration ! »

Hop, choppe le mot, m'inspire un aparté. CONCENTRATION, en modeste et anodin traitement dans le dictionnaire : *De l'anglais concentration : 1. Action de concentrer, de réunir en un centre. 2. Ce qui réunit les éléments assemblés. 3. Fait de concentrer ou d'être concentré. Point, degré de concentration.* Fallacieuse cette banalité, masque un sens plus subtil que j'ose définir ainsi : état de la psyché qui modifie le rapport au monde et conditionne, sans le garantir, l'accès à l'intuition, l'inspiration, la créativité et même parfois la transcendance, ce qui signifie – *in fine* – que la concentration est le stade préliminaire des perceptions surnaturelles. Pas si facile à décrocher ce glissement de conscience, exige une persévérance à l'effort pour soustraire le cerveau du chaos de pensées qui le submergent et ont la fâcheuse tendance à pervertir son autonomie, ce qui interroge sur le rôle de la matière grise dans la gestation même de l'anarchique foisonnement.

Pile

En fait, il ne s'agit peut-être pas d'une autonomie de l'activité cérébrale. Tout se passe comme si une pensée extérieure se révélait et prenait le dessus. Comme si elle prenait la commande ! Ce serait une pensée distincte de la conscience. Je traiterai ce sujet sous deux angles, celui des perceptions extrasensorielles puis celui du siège de la pensée. Mais auparavant, priorité à la narration de Marc, avec d'autres exemples qui alimenteront notre réflexion

Face

Avant de revenir au cas d'Adrien le maçon, prolongeons le vagabondage à la réflexion sur ce sens de la concentration, « porte du surnaturel » avec la confession de deux anecdotes personnelles. La première éventée dans mon septième roman *Mes divines débauches,* nous relie à la réalisation du rêve infiltré dans ma caboche dès mes cinq ans, rêve qui m'a engagé précoce à l'ascétisme avec gym quotidienne, rejet des ersatz de plaisir, à savoir le gavage aux sucreries, les cigarettes, et aussi, les fameuses flatteries en bouteille – vinasses, alcool – soi-disant indispensables à la convivialité comme si, joie, humour, amitié, aubades amoureuses, ne se déclenchaient qu'à l'artifice ! Depuis la tendre enfance me mobilise donc au surpassement, avec une obsession « être pilote et gagner les 24 heures du Mans ». Le destin, taquin, a eu beau m'attarder aux délices d'une trajectoire inattendue à la radio et à la télé, n'ai jamais flanché au fatalisme et à sa sinistre logique de renonciation qui sabote aux frustrations et regrets, ai juste – pour concrétisation tardive – dégriffé le rêve à l'ambition de participer, me le suis offert deux fois, 1979 et 1986, passons sur la première, ô combien jubilatoire malgré la peur qui, dès mon arrivée au circuit, m'a pilonné jusqu'au départ, oui les chocottes, les vraies, celles qui miroitent qu'une alternative : l'escampette ou le drame ! Pas notre objet, ces supplices de l'esprit mais l'extrême concentration propice aux perceptions invraisemblables à classer dans le registre surnaturel. Ne se produit que rarement le phénomène, cueille les sportifs, les inventeurs, les créateurs, dans des circonstances imprévisibles très particulières.

En préambule, quelques éléments pour que vous appréhendiez clairement le pilotage d'un bolide dont la puissance est deux fois celle d'un 35 tonnes et le poids pratiquement la moitié d'une petite berline de ville. Véritable catapulte l'accélération, si foudroyante, que mal dosée, le monstre dérobe aux pirouettes, c'est dire la précision sur le champignon à l'accélération dans les virages. Gnognotte ça ! La folie, le grand défi – entendement en chambardement total – se joue au freinage. Extrapolons : à 350 km/h vous avez l'impression de fuser dans un entonnoir, à 300 mètres, en mire, se jetant sur vous : un virage à angle droit, votre raison effarée vous intime au beugloir d'écraser la pédale de frein, et vous, indifférent à cette panique d'une partie de votre tête, vous poursuivez le phénoménal déboulé... 250 mètres, toujours à fond, le temps de lire ces mots, zoup ! vous seriez à 200 mètres, toujours impassible... 150, la concentration entourloupe bruit de fond le bon sens en plein égosillage *freine, bon dieu freine*... Vous maintenez les plus de 350 en toute sérénité, temps comme dilaté, retardez encore d'un chouia l'instant où, dans une fulgurance, le pied droit passe de la totale accélération, au freinage le plus brutal à la limite du blocage de roues et de ses conséquences fatales, simultanément, rétrogradage des vitesses de la sixième à la première, en moins de 120 mètres, vous dégringolez de 350 à 90 km/h, et hop ! avant de tangenter la corde de nouveau, mobilisation des 550 chevaux. Prodigieux ! L'impression de titiller les limites, d'atteindre l'absolu ! Suprême exaltation de la recherche de l'excellence ! Interdite la plus infime imperfection à la manœuvre ! L'anticipation, la clé du pilotage, permet de désamorcer les situations critiques par une réplique dépassant les simples réflexes ce qui, après-coup, floque une chaleur à la décharge d'adrénaline, cette récompense des coureurs d'impossible ! En soi, déjà, bien dérangeante l'anticipation, nous place aux frontières de l'intangible, toutefois, pas assez extravagante pour mériter l'étude dans un livre comme celui-ci, me suis lancé dans cette évocation que pour avoir dépassé le stade des facultés exacerbées ! Poursuivons donc la narration de la séance d'essais ; lors de mon troisième tour, à 350 mètres au bout de la légendaire ligne droite des Hunaudières, me voilà soudain croché par la transcendance, ne fais pas un avec mon bolide comme le cavalier et sa monture, mais fusionne littéralement avec. Illico, dissipées les lois de la physique, à revoir les lois, dépassées, pas elles qui gouvernent le monde, ou du moins, la dimension qui m'absorbe, me trouve à la fois à distance de la scène tout en pilotant avec une vigilance inouïe, me sens en résonance avec l'espace alentour, en devine, ou plutôt, perçoit ce qui se déroule au-delà de mon champ visuel, j'insiste sur le terme perçoit, que l'on ne confonde pas avec de l'intuition, ainsi dans un enchaînement de virages sans aucune visibilité – Arnage pour ceux qui connaissent –, me saisit la certitude que la voiture qui me précède voltige en perte de contrôle ! Les commissaires surpris n'ont pas le temps de lever les drapeaux jaunes pour m'avertir ; or, ma vitesse me met en fragilité de funambule sur la trajectoire, dans ma tête, clair ce qui se trame, à la sortie, vais être cueilli par la voiture en cabrioles, imparable le fracas, tout ça en gamberge intemporelle, porté par une inconcevable béatitude qui me rend invincible, en ose une imperceptible correction au volant suicidaire à cette vitesse, dénis ainsi les lois de l'équilibre, d'ailleurs, l'arrière volte à l'escampette, certes, cela me vaut d'estoquer, premier miracle, la Porsche en jaillissement de taureau devant moi, mais je fuse direct au rail, toujours à la fois spectateur et acteur, me vois et me sens virtuose au pilotage, mains aux subtilités de pianiste, pied droit en promptes mitrailles d'effleurement sur l'accélérateur, incroyable, charnellement dans l'action tout en flottant en apesanteur avec la sensation de disposer à ma guise des éléments, jouissance incommensurable du pouvoir absolu, esprit en orbite stationnaire au-dessus de mon être, ça, sans doute la félicité, l'état de grâce qui préside aux prodiges, la preuve, rattrape la 47 en gigue de valdingue et deuxième miracle, évite la carcasse de la Porsche en rebond du choc avec le rail… dans ma pâmoison, sait même que le pilote est indemne ce qui me sera confirmé à mon arrêt au stand où, ma qualification est célébrée à frénétiques empoignades, débordements très terrestres, tandis que ma tête redescend doucement des nuages.

L'ai revécu d'une autre façon en 2003, cette distanciation corps-esprit, à bien distinguer du ressenti de dissociation dont notre maçon est l'une des plus fascinantes illustrations pacotille en comparaison ma nouvelle anecdote, toutefois, me paraît indispensable à notre réflexion, rassurez-vous, comme vous êtes bouilleux de curiosité au cas d'Adrien, vous mitonne mon affaire au condensé. Au départ, une conversation impromptue avec un sociétaire du sérail à galons de la radio uniquement côtoyé à courtois « bonjour, bonsoir ». Un midi, le hasard nous associe au coudoiement dans l'attente d'une place au bistrot, rien de tel pour patienter que la poilade potache, aussi, devant l'empiffrade quasi générale à la charcutaille, je lance « l'art cochon, c'est bon pour autrui ». Grimace constipée du responsable qui murmure « sont peut-être tous comme moi, des aficionados de la montagne, saucisson, jambon c'est l'idéal pour les vadrouilles en altitude ». Comme une table se libère, on décide le compagnonnage aux papilles et nous voilà en débraillages réciproques de souvenirs à frissons, il égrène descentes de glaciers à skis et chevauchées d'alpinistes dont trois ascensions du mont Blanc… suis client des détails, me taraude depuis des années le géant, plusieurs fois déjà ai failli me lancer à l'assaut, failli, avait même signé avec François Siegel alors patron de *VSD*, le reportage d'une hivernale avec Raymond, un himalayiste patenté. Hélas, la vente du journal quelque temps après, avait fauché la tentative. « Ça t'intéresse toujours ? » me coupe l'aventureux des cimes, mon « bien sûr » et ma forme physique aiguisée à la gym et au footing lui inspirent un challenge personnel. « Si tu veux au printemps, je t'emmène, ce sera ma première comme guide, il est temps que je me lance. » L'acquiesce tac au tac, le défi « Top là, camarade ! ». Mon habitude, ces engagements au feeling, à l'époque où j'avais lancé le commentaire dans l'action sur TF1, n'avait jamais failli mon intuition aux atomes crochus, mais je négligeais le point fondamental de ce principe, à savoir, que la révélation se fait à la première rencontre, occultais que le regard en fugue de mon zigue m'avait toujours gêné.

Au week-end de l'Ascension ! juré ! on chemine tout bravaches dans Chamonix qui lumine grand bleu.

Quelques magasins pour nous équiper (avec pour lui, des bâtons de ski « inutile pour toi, ça t'embarrasserait plutôt qu'autre chose ») quelques victuailles, puis, hop, dare dare, au téléphérique de l'aiguille du Midi, pour une escapade de mise en jambes dans la vallée Blanche. Le lendemain, très courte nuit au refuge, réveil à deux heures, où plutôt lever, car n'avais pas dormi, crâne sous l'étau par l'altitude. Dans la salle à manger, en maraude de buffet, une quinzaine d'olibrius alors qu'à cette époque, d'habitude, c'est un fourmillement de gare mais, l'hiver en véhémence tardive et les prévisions d'une météo chagrine pour le début d'après-midi ont sabré les velléités aventurières, si bien qu'à 2 h 30, quand on franchit le seuil, on brigue téméraires, nous deux, sous le filet de nos frontales. De suite, décoche un regard instinctif sur la voûte ; féerique le scintillement, de quoi ressusciter les Rois Mages et, comme l'extrême me brasse toujours l'humeur à la superstition, vis dans les éléments en splendeur un heureux présage qu'une étoile filante s'empressa de parapher au fugace. Assurance de la bénédiction de l'indicible, la parfaite synchronicité ! Gagné d'avance notre défi d'enchaîner trois géants ; le mont Blanc du Tacul, le mont Maudit et le mont Blanc ! Suis au gavage de l'empathie céleste quand le bougre m'éperonne « Hey, on y va ! Faut pas perdre du temps dès le départ avec la météo annoncée ! J'ai pas envie de me faire prendre par les nuages !... » Une volte et il se lance sur la crête d'un pas ferme. Lesté à l'altitude enfonce jusqu'au mollet dans la neige vierge, moi derrière, bien précautionneux à l'enjambée pour enfiler pile mes pieds dans les trous qu'il laisse. Très vite, il flanche à la confiance, n'est pas dopé au furtif de l'étoile, lui, vérifiait le matériel à l'instant de l'apparition, alors, il jauge au mauvais notre aventure, rien qui vaille, l'absence de traces, la menace du mauvais temps, moi, en traînaille, pas assez vif à l'engouffrement dans ses pas, il en déboussole, tâtonne le chemin dans l'étendue en configuration sauvage, pente joufflue de poudreuse, traîtresse, sournoise aux pièges, le pire : la cache de crevasses ! Rien qui vaille, vous dis-je, il en choppe la grippe contre moi, miasmes de jurons aux lèvres, n'ose pas me les cracher, les toussote à ses groles ou à la glace quand on bute sur la verticale, me fustige juste « plus vite, plus vite », ah ! comme il envie les cinq Allemands qui dans le mont Maudit, nous déboulent dessus sans qu'on les ait vus venir, nous dépassent sans un salut, manquement de civilité indigne de montagnards surtout dans des circonstances aussi périlleuses. Moi, la cause de l'inadmissible attitude pour mon Ostrogoth, une œillade a suffi à la cordée pour m'assimiler aux imbéciles qui confondent massif du Mont-Blanc et parc de loisirs au risque de leur vie et au préjudice de la réputation des alpinistes patentés. Pas mépris mais condamnation, l'indifférence. En explose de honte, l'autre, « jamais, je n'aurais dû te faire confiance, t'es pas à la hauteur, je vais appeler l'hélico »... Par tempérament, devrais le batailler à la fureur d'autant, que nous tenons le tempo pour piquer comme prévu le sommet du mont Blanc entre onze heures et midi, et puis, ne lésine à l'engagement sur certains passages que pour être lésé à l'équipement, ne dispose pas comme lui, des bâtons pour assurer ma position. Serait légitime, la réplique à la gueulante, toutefois la situation me replie en concentration, sommes à l'attaque d'un mur aussi lisse que du verre par la froidure, et les nuages, plus rapides encore que les Allemands, nous en ouatent, ne perçois plus du monde que quelques centimètres carrés de la plaque où je m'accroche suspendu aux piolets, pieds aux crampons, nez sur la corde qui me tiraille la taille et me relie à mon lascar disparu au dessus, ses boniments me semblent soudain métamorphosés avenants encouragements – me semblent – car le vaporeux gobe tout, y compris les sons, me voici en menace du vide, comme isolé dans une bulle, moi le claustrophobe, certes, ai la fibre aventureuse mais ça ne me cambre pas héros, d'autant que j'ignore tout de la montagne. Effrayante la situation ! Pourtant est-ce la conséquence de l'étoile filante ? Aucune angoisse ne lézarde la phénoménale confiance qui me galvanise depuis notre départ, plus invraisemblable, mon « for intérieur » déborde de mon corps et l'enrobe, ce qui contrairement aux 24 heures du Mans ne me place pas acteur-spectateur de la situation, là, ai la sensation de former un cocon éthéré protecteur de mon être, possédé par une sérénité d'évidence ! Mes propres gestes qui me gouvernent, les découvre au fur et à mesure qu'ils s'orchestrent en toute indépendance, transcendance leur enchaînement, pas la moindre hésitation, d'une sûreté péremptoire les positionnements, mains, pieds, logés directs dans les interstices comme aimantés par la paroi, féerie surnaturelle, cœur au carillon des noces de l'âme et de la nature. Oui, l'âme, car bien que présent à mon corps, ne souffre ni des efforts, ni du froid. En évanescence, ô combien grisante, le franchissement du redouté mont Maudit, débouche en allégresse au sommet, ébloui tout à trac par l'illumination solaire. Intolérable à l'âme la glorification aux rayons, se réenfouit en catastrophe dans les chairs qui aussitôt retrouvent la pesanteur. Après cette félicité d'ordre surnaturel, au moral la suite, plomb aux semelles à chaque pas, poumons en diète d'oxygène, tripes au rabe d'énergie, le veux le mont Blanc, allez, allez, m'arrache la moelle et à midi moins le quart, ça y est, on toise l'Europe ! Ah l'exaltation, cajole le Nirvana ! Pour autant, rien à voir avec cette transe du Maudit, âme en fugue, sensation qui oblige à l'interrogation sur cette part spirituelle de l'être.

Délire de l'altitude, phénomène bien connu, se gaussent les neurobiologistes et autres enragés de la foi matérialiste, en toute objectivité suis bien obligé de leur concéder le doute, de même, reste en rade d'arguments quand ils cantonnent la plupart des récits aux frontières de la mort – les fameuses NDE ou *Near Death Experience* – à des interfacts du bouleversement de la chimie du cerveau liés aux produits utilisés lors des opérations chirurgicales et, comme le but de notre ouvrage n'est pas le prêchi-prêcha prosélyte mais le traitement des faits indubitables contraires à la raison là, qu'il me faut achever la narration de l'histoire d'Adrien notre maçon tant elle confond la sempiternelle exigence de la preuve scientifique, ou plutôt, établit carrément, la preuve scientifique de l'existence de l'âme.

Encore plus hardi aux risques que les trapézistes de Pinder et Bouglione, Adrien, sa vie les airs, patron/esclave plus contraint au boulot que Tonio le fidèle salarié pourtant déjà en frénésie de fourmi mais qui ne saute pas les jours de repos. Adrien lui, trime aussi le week-end par astreinte volontaire à la solidarité. Rupin, pour le fretin d'où il vient. Ça grillonne à la jalousie sur son compte. Château, le pavillon construit aux corvées supplémentaires. Badigeonnée limousine, la modeste berline aux chevrons. L'idyllique tableau éperonne les rêves de la faune roturière qui l'a connu tout chassieux en culottes courtes, et, aussi bien sûr, la famille ! De son côté, ça irait encore, mais il y a la branche de la belle Monique, l'épouse adulée, détournée de la troupe des majorettes à 18 ans, 10 ans déjà, neuf frères et sœurs Monique, plus les cousins, cousines, impossible de refuser le service quand on lui quémande son camion-benne, bien trop précieux pour le prêter et puis, il y a les assurances, alors, bon zigue Adrien, en rush sur les routes de la région samedis et dimanches ! À ses côtés, dans la cabine, sa miss endimanchée au coquin, jupe fendue pour le taquiner aux bas-jarretelles, chemisier sans vergogne en indécence, le temps du trajet, incarnation d'un calendrier de chauffeur routier, Monique ! À destination, les diaboliques aiguillons repassent sous la salopette délavée, enlevée à touches affriolantes juste après le départ. Reconstitué à partir de sous-entendus le cabaret ambulant, trop pudique pour le déballer, Adrien, même si le secret a volé en éclats avec le camion ! « Pas l'ange, ni la chance, la protection mais la concentration » qu'il beuglait lui-même aux arpettes, souvenez-vous quand Tonio leur recommandait de ne jamais imiter le patron sous peine de se rompre les os. « Pas l'ange, ni la chance la protection mais la concentration. » Inepte, le précepte, impossible à tenir, aux côtés de sa Vénus en friponnes coquetteries. Que d'embardées rattrapées au miracle, les figeaient en promesse de sagesse, vent le serment, trop amoureux tous les deux, fougue d'autant plus prompte à les rameuter à l'effervescence que le manque les bruissait, marnait beaucoup trop, Adrien, tant pis pour la concentration, bien aux anges et à la chance, leur protection. Hélas, les manières de danseuse légère de Monique précipitent les chérubins aux envolées d'oies blanches, n'y avait donc plus que la chance, cette lunatique pour veiller les enfiévrés en malice des sens, et l'espiègle se détourna de leur sort un samedi matin, à 120 km de leur domicile. Profitant d'une ligne droite, Monique libère de l'étoffe ses deux bourdons, piqué au vice, Adrien papillonne une main mutine aux mamelons, délices de papouilles, elle gazouille… coupé net le prélude, embringué au tintamare du camion au fossé ! Glas d'éternité le fracas !… De la carcasse terrassée, cernée au silence, émerge hébétée en débraillage de rouée, la dulcinée indemne. Propulsé en apesanteur, Adrien la contemple, enfin, cette part de lui-même, intemporelle, jaillie tel un zest de son corps pressé entre le volant et le siège… Va rester ainsi en orbite de lui-même, le temps que les secours arrivent, cisaillent les tôles, l'acheminent moribond au chef-lieu de canton à 20 km du drame, ville où il ne s'était jamais rendu, le transfert aux urgences, et enfin, l'opération ! Au total près de quatre heures dans la stratosphère à suivre son cas avec des perceptions au-delà des sept sens, eux-mêmes exacerbés, une sorte d'omniprésence traduite par une réelle ubiquité. Rien ne lui échappe des soins prodigués à ce corps en péril qui se révèle n'être que la carapace d'un moi d'une substance subtile unifiée à un univers vibratoire, lui-même orchestre d'une symphonie globale. Plénitude l'harmonie, rend dérisoire les efforts déployés par l'équipe à son chevet. Sont cinq, le chirurgien, l'anesthésiste et trois infirmières, en lutte contre l'ennemie crépusculaire lovée dans le crâne qu'elle occupe largement. Coma stade trois, que ça s'interprète au diagnostic ! Inquiétant, mais pas critique pour le docteur P., qui ne cesse de crépiter, « c'est bon, on va le sortir ! », baume de méthode Coué, sa salve, dans l'ambulance par deux fois les pompiers ont relancé le palpitant en arrêt subit, renâcle encore au tempo par moments comme l'indique l'électrocardiogramme à sinistres affolements de bips, c'est dire, s'ils sentent, tous, l'ignoble spectre en affût d'estocade. Se bernent ! Bobard, légende, la grande faucheuse, n'existe pas ! Ah, la sublime révélation, là en maraude au-dessus du billard, c'est à lui, Adrien, de réinvestir sa moelle ou de la laisser choir macchabée. Pas facile la décision tant il flamboie dans l'autre dimension, s'y diluerait définitif, si sa musarde en extension céleste ne le calait en surplomb de sa Monique sous l'assommoir des psychotropes au 1er étage chambre 22. Qu'elle est belle, belle, la rendre heureuse, c'est ça l'évidence ! L'étourdit la contemplation, s'en dissipe de sa propre veille, soudain, une illumination plus radieuse que l'explosion d'une supernova l'arrache à son errance et le catapulte en chevauchée vertigineuse d'un rayon lumineux ! Fantastique ! Roupi, le tournis de grand huit, Adrien se désintègre littéral dans une gerbe de bouquet de feu d'artifice. Renaissance au big bang, la mort ! Hélas, un bastringue sonore, épouvantable mitraille stridente, le soustrait à la prodigieuse féerie, dans un fulgurant rembobinage de dessin animé il se repropulse au-dessus de sa dépouille dans la salle d'opération ! Parfaitement, sa dépouille, « c'est foutu, on l'a perdu » lance le docteur P. dans le tumulte des appareils, l'un beugle l'arrêt cardiaque, l'autre l'encéphalogramme plat, à savoir la mort clinique !

Un enragé à la lutte pour la vie, le chirurgien, use toutes les ruses de la technologie pour sauver le maçon, équipe à l'unisson sans une once de précipitation propice aux maladresses. Et puis, bing, l'infirmière la plus expérimentée d'un revers de main capote au sol une trousse d'ustensiles opératoires. Bien qu'étouffé par le chœur sinistre des alertes, le cliquetis retentit contre-ut pour Adrien, oui, Adrien en trépas certifié par les machines depuis quinze secondes, a regagné sa place de spectateur de l'espace, il entend tout, voit tout, pas au sens strict de ces mots comme il le dit :

> « C'est difficile à expliquer mais tout en suivant la scène de là-haut, des détails inouïs me venaient par flashs, par exemple une incrustation sur le dessous du montant métallique de la table d'opération : H 627 ou encore, la marque gravée sur le scalpel ramassé par l'infirmière. En une fraction de seconde, je repassais à la chambre de ma femme, comme ça que j'ai découvert sur l'armoire un ours en peluche jaune auquel il manquait l'oreille droite, n'en perdais pas pour autant le contact avec l'intervention, comme après 37 secondes je ne revenais toujours pas, j'entendis le toubib m'enterrer : "Et merde, il est foutu !", c'est là, qu'une voix qui n'en était pas une m'a interpellé : "Bon, à toi de décider, pense à Monique, si tu y retournes, c'est maintenant !" J'ai senti que c'était pas le moment, non pas de mourir, mais de passer ailleurs, y avait ma femme ! Alors, je me suis réengouffré dans mon corps par la fontanelle, oh le choc ! et puis soudain ce poids, et Adrien de conclure aux éclats : "c'est pesant d'être un homme !" »

Là où l'histoire dépasse le cadre habituel des multiples rapports de NDE – qui, quelle que soit la sincérité des témoignages, restent le plus souvent sujet à caution par impossibilité de vérification – ici, le maçon ayant osé rapporter « son vécu » à l'équipe soignante dès son réveil, celle-ci a authentifié qu'il y avait bien l'incrustation H 627 sur le dessous du montant métallique de la table d'opération, par ailleurs, ils ont confirmé qu'une trousse d'ustensiles était bien tombée durant l'intervention et que la marque était gravée sur le scalpel, enfin, on trouva sur l'armoire de la chambre 22 au 1er étage, l'ours en peluche jaune à l'oreille disparue, le plus fou, l'invraisemblable de l'invraisemblable, tous ses éléments, Adrien les a perçus dans les 42 secondes où il était en état de mort clinique ! Pourtant indiscutable, la rigueur de la corrélation de l'événement, oblige donc à envisager l'hypothèse de la coexistence corps-esprit !

Pile

L'EXEMPLE de cet homme qui perçoit avec précision les choses qui l'entourent, hors de sa portée, alors qu'il est dans un coma profond, pose la question des perceptions extra-sensorielles. Avant de décrire à mon tour des exemples de ces perceptions étranges, exemples qui appartiennent au domaine de la psychose, je veux préciser cette notion de perception. Un grand nombre de phénomènes dits surnaturels questionnent cette notion. La psychiatrie ne devrait pas se borner à la seule mission d'apaisement de l'angoisse et de la douleur, deux symptômes suscités par ces expériences difficiles, elle doit s'efforcer d'entendre le questionnement en jeu dans les manifestations psychiques ou physiques qui envahissent le patient. Entendre c'est déjà soigner. Entendre les questions cela revient à y répondre parce que les réponses sont déjà dans les questions ! Cette dialectique constitue le fondement de l'exercice psychiatrique.

Parmi les phénomènes que je relie au surnaturel, ceux qui m'intéressent particulièrement sont les phénomènes de perception extrasensorielle, ces phénomènes peuvent se manifester dans le contexte de certaines maladies mentales ou hors du cadre strictement psychiatrique. D'ailleurs, pour ces questions particulières il est très souvent difficile de définir le domaine de la pathologie. Freud disait qu'« entre le normal et le pathologique, la frontière est conventionnelle ; tout individu la franchit plusieurs fois par jour ». En tant que psychiatre je suis d'abord médecin donc scientifique mais pas scientiste. Les principes posés par Hippocrate soulignaient la nécessité pour le médecin d'allier la sagesse philosophique à la médecine et la nécessité de l'initiation aux choses occultes. Le comble aujourd'hui en psychiatrie consiste à éliminer du domaine de la réflexion toutes les questions touchant au surnaturel et à supprimer le vocabulaire qui permet de désigner un certain nombre de phénomènes invisibles aux yeux de la science ou impensables avec les catégories de la physique ou celles de la psychologie. C'est ainsi que les mots *âme, être, dieu, foi* ou *amour* sont étrangers au lexique psychiatrique. Les mots proposés par la médecine sont très souvent réducteurs, inopérants, ou simplistes pour désigner la plupart des manifestations du psychisme. Ainsi le mot « hallucination » est classiquement défini en trois mots « perception sans objet », cette définition ne correspond absolument pas aux perceptions extrasensorielles ni aux informations reçues par les patients dans certaines expériences fortes qui sont reconnues extérieurement comme des manifestations de la folie. Par exemple, la définition en trois termes de l'hallucination – *perception-sans-objet* – comporte trois fautes. Premièrement, il ne s'agit pas d'une perception ; deuxièmement, il n'est pas question d'objet et troisièmement, la notion d'un déficit désigné par « sans » n'est vraiment pas pertinente. J'appelle « hallucination » une modalité nouvelle de lecture de la réalité, modalité supérieure à la capacité donnée par notre perception. Dans la normalité nous ne percevons que les choses posées devant nous, nous ne pouvons saisir que les objets qui nous entourent. Même l'imagination est la saisie d'objets de notre mémoire, de nos croyances, de nos désirs, de nos peurs. Il s'agit toujours d'une réalité « objectivée ». Percevoir, c'est « mettre en objet » la réalité, c'est la mettre en boîte, c'est l'enfermer dans des catégories spatio-temporelles qui n'appartiennent qu'à notre entendement. Le temps et l'espace sont des constructions de notre raison. Le cycle des jours et des nuits est autant un cycle temporel qu'un cycle spatial. Nous ne pouvons saisir la temporalité que dans une dimension spatiale et inversement nous ne pouvons pas saisir l'espace en dehors du temps. En quelque sorte, nous sommes prisonniers de ce cadre et la réalité n'est qu'une construction de notre entendement selon une grille de lecture obligée. De nombreuses expressions quotidiennes, comme « l'espace d'un instant », révèlent cette impossibilité de séparer les deux piliers qui soutiennent notre rapport au réel. Percevoir, c'est enfermer le monde dans ce temple ou sanctuaire intérieur, temple aux piliers solides, temple où séjourne notre conscience.

Le phénomène hallucinatoire nous apprend beaucoup sur cette construction du réel constitutive de la normalité. Je parle du phénomène hallucinatoire tel qu'il se manifeste *dans* ou *par* ces états que la psychiatrie rassemble sous le terme générique de « psychoses » dont les schizophrénies représentent un vaste ensemble de formes cliniques différentes. L'hallucination nous révèle le caractère factice de la réalité commune. Mais notre entendement, notre psychologie, notre biologie ne sont pas préparés pour cette révélation. Ils ne sont pas adaptés à cette élévation. Ils ne sont pas aptes à sortir du cadre ! Pour ces raisons, l'hallucination est un phénomène souvent douloureux, une trouée dans le corps, une traversée comme celle des rayons à travers la matière solide. Le patient décrit des ondes qui l'électrisent ou qui le magnétisent, il décrit des voix qui pénètrent dans sa tête ou dans d'autres parties de son corps ; il ressent des déchirements, des arrachements, des mouvements de reptation, des écoulements dans son estomac, dans ses intestins, entre ses organes. Il voit le monde autour de lui qui se disloque comme un château de cartes, qui s'émiette comme un vieux décor de théâtre rongé par l'humidité. L'hallucination pousse le réel jusque dans ses extrêmes limites, là où le temps et l'espace n'ont plus de consistance.

Mes patients font l'expérience d'une quatrième dimension qui n'est ni logiquement temporelle ni obligatoirement spatiale, ils traversent une réalité gouvernée par d'autres logiques, ils l'apprécient avec d'autres mesures. Par exemple, l'un d'entre eux tentait de me décrire son angoisse, il avait beaucoup de difficultés à dire ce qui créait chez lui le sentiment permanent d'une peur cauchemardesque, jusqu'au jour où il s'est rendu compte que les choses autour de lui changeaient de place, rien ne venait garantir la distanciation. Le plafond pouvait se tenir à quelques centimètres de son crâne comme à plusieurs dizaines de mètres, les murs pouvaient s'approcher ou s'éloigner, les perspectives n'étaient plus soumises à la logique des profondeurs, largeurs et hauteurs. L'angoisse est extrême lorsque ces phénomènes se succèdent. Pour générer une angoisse chez les spectateurs, les cinéastes usent de stratagèmes qui reproduisent les mêmes impressions sensorielles que celles décrites dans la folie. Les décors sont construits de telle sorte que les perspectives sont modifiées, les distances ne sont pas celles attendues, les résonances sont amoindries ou au contraire aiguisées. C'est par cet artifice de la mise en scène qu'une peur nous envahit, nous autres qui sommes tellement habitués au cadre restreint de la raison. La raison, celle qui nous fait dire la normalité, n'est rien d'autre qu'un cadre ! La folie est un *hors cadre*. Il y a là une analogie avec la peinture, le cadre du tableau dans lequel s'insère la toile n'est qu'un leurre, il ne limite pas la réalité mais, au contraire, il la désigne, il signale l'ouverture, il constitue le rebord d'une fenêtre ouverte sur un au-delà de la raison. Il y a toujours quelque chose de fou dans la peinture, elle doit nécessairement passer par cette folie si elle veut nous emmener au-delà des limites du réel. C'est le lien essentiel qui unit l'art, le génie et la folie. N'est pas fou qui veut ; n'est pas artiste qui veut…

Il existe un type d'hallucination qui consiste en la suppression d'un objet du champ visuel. Il ne s'agit pas d'un trouble de la vision car tout est vu par le patient avec netteté, mais un objet est absent, comme retiré du visible. Ce phénomène qui est appelé « hallucination négative » nous montre à quel point notre réalité est langagière. Un objet peut être retiré comme on retirerait un mot d'un texte. L'objet n'a pas d'autre réalité que celle du mot qui le désigne. Le célèbre tableau du peintre surréaliste René Magritte, montre une pipe au premier plan, évidente, posée devant nous, sans autre ajout, sans le moindre artifice… et pourtant sous la pipe le peintre nous prévient par cette inscription : « Ceci n'est pas une pipe. » En effet, ceci est d'abord un mot ! Mettez les mots *pipe* ou *objet en bois* ou *ustensile* ou tout autre désignation de votre choix, la chose ne peut entrer dans l'existence sans cette antériorité langagière. C'est pour cette raison que notre rapport à la réalité est un rapport de lecture. Nous existons *dans* et *par* le langage. J'entends déjà les sceptiques qui affirment qu'on peut être dans la réalité tout en étant hors langage, ils évoquent alors les sourds, les aveugles ou les aphasiques. J'entends aussi les remarques de nombreux confrères ou de psychothérapeutes qui mettent en avant le sensoriel comme un élément antérieur à la pensée langagière, comme une réalité qui serait antérieure à toute autre forme d'activité psychique. Ils me font part de sensations ineffables que chacun peut percevoir hors de toute élaboration intellectuelle, quelque chose comme une pure sensation. Je leurs réponds que le caractère ineffable d'un phénomène n'exclut pas ce phénomène de l'ordre du langage. Le langage est beaucoup plus que la parole, il est l'essence de notre pensée. Nous pensons des mots et nous pensons avec des mots. Plus encore, nous ressentons physiquement avec des mots. Cela nous différencie de toute autre forme de vie animale ou végétale. Prenons l'exemple de l'huître qui réagit au contact d'une goutte de citron, elle se rétracte. L'agent acide génère immédiatement la réaction, l'effet est direct ! L'être humain, c'est-à-dire l'être de langage ne réagit pas directement aux sollicitations sensorielles. Une dérivation est toujours présente entre l'homme et les choses qui l'environnent, il n'y a jamais de prise directe même si l'intervalle entre la cause et l'effet peut être extrêmement court et même si la sensation douloureuse peut être rapide comme l'éclair. Le monde sensible se donne à nous par l'intermédiaire du langage. C'est ainsi qu'une même cause, une irritation ou une même blessure, peut être ressentie différemment en fonction de la personnalité de l'intéressé, de ses influences culturelles, de ses habitudes, etc. Un même coup reçu peut être source de douleur chez l'un et source de plaisir chez l'autre dans le cas du masochisme. Cette différence vient du fait que la douleur est un phénomène pensé. L'effet du coup reçu est l'effet d'une pensée c'est-à-dire l'effet d'une parole intérieure. Le langage est là ! Il ne se réduit pas à un système de communication entre des individus, il est la matière essentielle qui constitue le monde et qui nous constitue. Prenons l'exemple d'une image que nous avons à l'esprit comme l'image d'un beau coucher de soleil, en fait c'est une « image langagière ». En d'autres termes lorsque nous *imaginons* le coucher de soleil, nous ne faisons que le mettre en image à partir du support langagier que constitue la pensée. Là où nous pouvons croire qu'il n'y a pas de langage mais uniquement du visuel ou de l'auditif ou du tactile ou du gustatif ou de l'olfactif, en fait, il y a d'abord du langage qui ensuite nous donne le contenu de ce que nos sens vont traduire. Par analogie, considérez le support audio-visuel que représente un DVD. Il s'agit d'un disque portant sur sa surface un ensemble de signes qui constituent un langage ; le lecteur DVD va traduire ce langage par un procédé d'œil-laser qui balaye le texte et qui nous transmettra un beau film fait de paysages, de personnages, d'aventures, de sentiments. Nous entrons dans cette réalité filmée par le biais d'une lecture. Il s'agit d'un procédé analogue qui nous donne accès à la réalité quotidienne, celle qui nous entoure, celle que nous traversons comme les personnages du roman que constitue notre propre vie. La complexité augmente avec la notion du transgénérationnel. En effet, ce texte n'est pas figé à tout jamais, ce n'est pas un livre que l'on ouvrirait à telle page pour y trouver la vérité de notre futur. Il faut plutôt considérer ce texte comme un support qui contient la mémoire de notre passé et qui continuellement s'écrit avec nous. Le texte du roman de nos vies est un texte vivant où chaque mot engage pleinement les autres. Là encore, la folie est un enseignement sur le fondement de notre existence humaine.

Un autre exemple d'hallucination négative consiste pour le patient à ne plus voir dans le miroir l'image inversée de sa propre présence. Il voit le miroir mais ne s'y reflète pas. Inutile de décrire la violence de ce constat et l'effroi qu'il suscite. Nombre de mes patients se souviennent de l'angoisse générée par cette expérience même lorsqu'elle a eu lieu des années auparavant. Ils n'oublient jamais ce moment-là. Moment terrible où ils se rendaient compte qu'ils n'existaient plus dans ce monde, comme si, un beau matin, ils venaient de changer de réalité. Quelque chose se révèle à ce moment : une vie au-delà ou en deçà de l'existence. Guy de Maupassant rend compte parfaitement de cette expérience qu'il a lui-même connu avant de mourir fou dans la clinique du docteur Blanche, il l'a décrit avec justesse dans *Le Horla* :

> « On y voyait comme en plein jour, et je ne me vis pas dans ma glace !…Elle était vide, claire, profonde, pleine de lumière ! Mon image n'était pas dedans… et j'étais en face, moi ! Je voyais le grand verre limpide du haut en bas. Et je

regardais cela avec des yeux affolés ; et je n'osais plus avancer, je n'osais plus faire un mouvement, sentant bien pourtant qu'il était là, mais qu'il m'échapperait encore, lui dont le corps imperceptible avait dévoré mon reflet. Comme j'eus peur ! »

Dans la mythologie et les traditions populaires, certaines créatures comme les vampires ou des revenants se caractérisent par leur absence de reflet dans le miroir. Dans tous les cas le phénomène signifie l'absence d'existence ici-bas. Mes patients, eux, existent bien mais l'expérience qu'ils vivent nous apprend que l'existence est pour une part une fiction qui peut être modifiée comme la lecture d'un texte après quelques transformations par ajout ou retrait de mots. Le rapport que nous entretenons avec le langage, rapport qui conditionne notre réalité et notre existence sur Terre, ce rapport nous est caché par l'habitude, la puissance de nos sens. Ces derniers prennent le dessus, nous sommes tellement attachés à nos cinq sens que nous en devenons leurs esclaves, pensant qu'ils sont les maîtres de la connaissance. Nous ne nous apercevons pas qu'ils ne servent à rien d'autres qu'à lire le texte du monde. C'est ainsi que mes patients présentent des « hallucinations de mots ». Cela ne signifie pas qu'ils voient des mots défilés dans l'air. Ils voient la réalité langagière des objets. Là où nous voyons une table, ils la voient aussi mais d'abord en tant que mot *table*. Nous voyons l'objet puis nous lui posons un mot dessus. Eux voient le mot auquel est attaché l'objet.

La folie nous apprend que la réalité matérielle est dépendante d'une autre réalité. Elle nous révèle qu'il existe une autre matérialité, celle constituée par le langage. Je dis que la plupart des phénomènes qualifiés de surnaturels trouvent leur raison dans cette autre matérialité dont la nature est langagière. Cette matière langagière connaît des lois et une logique qui échappent à celles de la physique. La réalité langagière nous gouverne. La réalité physique n'est pas parallèle à la réalité langagière, il ne s'agit pas de deux mondes qui s'ignorent, elle est dépendante de la réalité langagière. Cependant les lois de la matière physique sont différentes des lois du langage, elles sont différentes et pourtant dépendantes d'elles. Nous sommes ici-bas les pieds dans la glaise, soumis aux lois de la pesanteur, soumis aux lois de la physiologie, dépendants des éléments qui nous environnent et en même temps nous sommes dans cet autre ordre, ordre supérieur, atemporel et non spatial : l'ordre du langage. Regardez autour de vous, ne voyez-vous pas que tout est langage ? Des mots à l'infini ! Regardez en vous, ne voyez-vous pas dans les spectacles de votre imagination, dans vos souvenirs, dans vos espérances que tout n'est que langage ? Un océan de mots !

Je dis que notre rapport à la réalité est un rapport imaginaire. Cela ne signifie pas que nous sommes dans l'illusion et que rien n'existe autrement que dans un rêve. Je ne formule pas ici les termes du solipsisme et je ne présente pas une nouvelle forme d'un idéalisme philosophique, quoique ces systèmes philosophiques soient très intéressants et riches d'enseignement. Je pense que le fondement de la réalité tangible est la conséquence d'une mise en forme à partir d'une matière langagière. En d'autres termes, nous mettons en image et en son les mots qui constituent la réalité première, nous donnons à notre perception le support indispensable à nos sens. Nous configurons le monde à partir d'un texte initial. Nous faisons exister ce monde dans l'ordre de la physique (le temps, l'espace, la matière) à partir d'un ordre extérieur et supérieur, l'ordre du langage : *au commencement était le langage* !

Un autre phénomène de perception extrasensorielle consiste en la perception d'une présence en soi-même autre que soi, comme un intrus qui prend possession de sa propre conscience, de sa propre volonté, de ses propres souvenirs. On ne peut cantonner cette terrible expérience au simple jeu d'une imagination troublée. Le phénomène ne se résume pas à une conviction délirante, il se traduit par des manifestations physiques à la fois fascinantes et effrayantes. Dans le vocabulaire psychiatrique nous trouvons le phénomène sous le nom d'« hallucinations psychomotrices » ou « hallucinations kinesthésiques ». Dans la forme la plus simple, il s'agit d'un mouvement que le patient réalise sous l'influence d'une force hallucinée. Il sent une force extérieure qui lui fait lever le bras ou qui le pousse en avant et il ne peut résister à cette poussée. Il existe une forme plus déroutante appelée « hallucination psychomotrice verbale » qui consiste à émettre des paroles par l'articulation forcée de sa bouche avec sa propre voix ou une autre voix que la sienne. Autrement dit, le mouvement des mâchoires est forcé et cette même force agit sur les cordes vocales pour extérioriser une autre tonalité. La personne ne parle pas mais une présence parle par sa propre bouche avec une voix qui peut être de l'autre sexe, une voix grave ou aiguë ou une voix d'enfant ou une voix caverneuse… comme une voix d'outre-tombe. Le patient est véritablement possédé par cette présence qui prend le contrôle de sa personne. Cette possession peut aller jusqu'à la prise totale de son corps, pas uniquement la parole mais la motricité toute entière, la volonté propre de l'individu. C'est ainsi qu'au maximum j'ai observé chez certains patients un syndrome d'emprisonnement physique et psychique connu sous les termes de catatonie et de catalepsie. Le tableau clinique correspond à un immobilisme rigide, le patient est comme statufié, les yeux exorbités d'angoisse, il ne peut plus se mouvoir, son corps ne lui appartient plus, il n'en a plus la commande. La catalepsie désigne la « persistance des mouvements imposés ». Ce symptôme est impressionnant : si je lève le bras du patient et le relâche dans un second temps, il reste levé dans la même position, même chose pour les autres segments du corps. Le corps du patient est assiégé par une présence invisible et intouchable. Il assiste impuissant au siège de son corps.

D'abord sous la forme d'une forte conviction le patient reconnaissait la réalité d'une présence à ses côtés sans pouvoir préciser *ce qu'elle* était vraiment, ni *qui* elle était. Cette conviction reposait en particulier sur des perceptions extrasensorielles. Petit à petit cette présence s'est manifestée par des injonctions, comme des pensées qui s'imposaient à lui, des pensées qui prenaient la place de sa propre pensée ou qui la commentaient ou qui la répétaient inlassablement. Ces phénomènes hallucinatoires sont désignés par les termes de « commentaire de la pensée », « vol de la pensée », « écho de la pensée ». Plus tard, le patient n'est plus que le jouet de cette présence. Il est utilisé par elle, dirigé dans ses pensées ou dans ses actes. Une phrase rapportée par E. M. Cioran évoque la situation exacte du catatonique.

> « "Je suis comme une marionnette cassée dont les yeux seraient tombés à l'intérieur."
>
> Ce propos d'un malade mental pèse plus lourd que l'ensemble des œuvres d'introspection [1]. »

Nous sommes confrontés dans cet exemple à la révélation d'une présence, il ne s'agit pas du simple effet de l'imagination mais d'une manifestation physique d'un état de possession. La catatonie peut aussi associer des signes somatiques tels que des troubles vasomoteurs d'où un fréquent aspect de grande pâleur, un trouble de la thermorégulation à l'origine d'hypothermies, des troubles pupillaires avec changement de la forme de la pupille qui devient elliptique dans le sens transversal. C'est aussi dans ce contexte catatonique que certains dermographismes peuvent s'observer, il s'agit de la persistance d'une inscription sur la peau après passage doux et superficiel du rebord émoussé d'un objet. Une véritable marque apparaît alors, rouge et tuméfiée, pouvant persister des heures voire des jours. Dans le cas d'un dermographisme spontané les lettres apparaissent comme tracées par une main invisible. Le corps n'est plus qu'un support, support d'une présence qui parle, qui vit, qui veut par lui.

Il existe de nombreuses autres manifestations de cette présence. À cet égard, la folie tient lieu de dévoilement. Présence cachée qui, par la folie, se manifeste jusqu'au plus intime de notre être, dans notre âme et dans notre

1. CIORAN, *Syllogismes de l'amertume*, Folio/Essais, n° 79.

corps ! Parmi ces autres manifestations, il y a la vision du double appelée « héautoscopie », phénomène qui implique les questions : Qui sommes-nous ? Où sommes-nous ? Quel est cet autre moi-même ? Pourquoi suis-je là, devant moi ? Est-ce lui qui me regarde par mes yeux ou est-ce moi qui me vois par ses yeux ? Où suis-je dans cette confrontation de moi avec moi ? Se voir subitement au détour d'un chemin, en ouvrant une porte, en se retournant dans la rue… Ce phénomène n'est pas rarissime et n'est pas non plus spécifique de la psychose. Le témoignage de cette expérience apparaît dans la vie d'Alfred de Musset. Nous retrouvons le récit de cet épisode par George Sand dans *Elle et Lui*, livre publié en 1859. Sand intègre dans cette fiction romanesque des éléments autobiographiques dont l'expérience du double. Inquiète de ne voir réapparaître son ami Alfred qui s'était éloigné derrière les rochers, elle entendit un cri de détresse. Elle s'élança dans sa direction et le vit couché sur l'herbe, dans le ravin. « Il venait, écrit-elle, d'avoir un accès de délire. » Reprenant ses esprits, il lui explique qu'il a vu un homme s'avancer sur lui… :

> « Alors j'ai eu peur, et je me suis jeté contre terre, car cet homme… c'était moi !
>
> Oui, c'était mon spectre, Thérèse ! Ne sois pas effrayée, ne me crois pas fou, c'était une vision. Je l'ai bien compris en me retrouvant seul dans l'obscurité. Je n'aurais pas pu distinguer les traits d'une figure humaine, je n'avais vu celle-là que dans mon imagination ; mais qu'elle était nette, horrible, effrayante ! C'était moi avec vingt ans de plus, des traits creusés par la débauche ou la maladie, des yeux effarés,

2. SAND George, *Elle et lui*, Hachette, Paris, 1860, 2e édition, p. 112.

une bouche abrutie, et, malgré tout cet effacement de mon être, il y avait dans ce fantôme un reste de vigueur pour insulter et défier l'être que je suis à présent[2]. »

Le style romancé et le parti-pris ironique de Sand n'enlèvent rien à la valeur sémiologique de cet épisode. Probablement le poème *La Nuit de décembre* est aussi de la part de Musset un rappel de cette expérience forte, le poème est rythmé par l'expérience de la rencontre avec son double :

« *Devant ma table vint s'asseoir*
Un pauvre enfant vêtu de noir,
Qui me ressemblait comme un frère. [...]
Au pied d'un arbre vint s'asseoir
Un jeune homme vêtu de noir,
Qui me ressemblait comme un frère. [...]
Au coin de mon feu vint s'asseoir
Un étranger vêtu de noir,
Qui me ressemblait comme un frère. [...] »

L'héautoscopie n'est pas seulement une hallucination visuelle. Elle est une sortie de soi, une perception extracorporelle de soi. Elle fait coexister deux effractions dans la logique spatio-temporelle. Premièrement, elle questionne l'espace, les limites de soi : comment peut-on se dédoubler ? Comment peut-on se voir extérieurement, hors de toute réflexion dans le miroir ou hors de toute intervention technologique ? Deuxièmement, elle questionne le temps, l'inscription dans le présent. Comment peut-on se voir à un âge différent ? Peut-on voir une personne en face de nous qui n'appartienne pas au même instant présent ? Puis-je rencontrer cet autre que je serai ou cet autre que j'ai été ? Est-il « autre » ? Nombre de phénomènes qu'il m'est permis d'observer dans mon exercice de psychiatre obligent à reconsidérer la connaissance que nous avons du temps, connaissance que nous nous sommes forgés à partir de nos perceptions, de notre jugement et de notre logique, de notre conscience. Mes patients, dont je viens d'évoquer quelques manifestations étranges, font l'expérience d'une réalité qui ne répond pas aux lois physiques spatio-temporelles. Cette réalité dévoilée par la folie ne se cantonne pas aux limites du présent. Elle ne se limite pas à cet intervalle situé entre un *après* et un *avant*. Ils font l'expérience d'une réalité qui n'est pas prisonnière du présent. C'est ainsi qu'ils peuvent se voir dans le passé comme dans le futur. Leur présent – qui au sens strict n'a rien de présent – peut être constitué aussi bien d'événements futurs de leur vie que d'événements passés. Nous désignons ces inversions *passé-présent-futur* par l'expression de « sentiments de déjà-vu ou de déjà-vécu ». Chacun d'entre nous a pu éprouver *a minima* ce sentiment d'une situation présente déjà vécue… vécue quelque part dans un passé que nous pouvons difficilement préciser. La folie donne une telle intensité au phénomène qu'il n'est plus permis de l'expliquer uniquement au moyen de la psychologie. Il ne s'agit pas d'un trouble de l'imagination, ni d'un trouble cognitif… Le temps est une donnée de la psychologie mais le « hors temps » n'appartient pas à la psychologie qui devient sourde et aveugle à l'égard de ces phénomènes.

Mes patients sont confrontés à une présence qui est à la fois étrangère à la temporalité et à la fois absente de l'espace. Pour cette raison, les manifestations de cette présence appartiennent au registre extrasensoriel. La présence les attire hors du cadre temporel. La proximité de cette présence génère une immense angoisse. Il suffit de lire ces lignes extraites de *Lui ?* de Guy de Maupassant pour entendre ce que disent aussi mes patients.

> « J'ai peur surtout du trouble horrible de ma pensée, de ma raison qui m'échappe brouillée, dispersée par une mystérieuse et invisible angoisse.
>
> Je sens d'abord une vague inquiétude qui me passe et m'a fait courir un frisson sur la peau. Je regarde autour de moi. Rien ! Et je voudrais quelque chose ! Quoi ? Quelque chose de compréhensible. Puisque j'ai peur uniquement parce que je ne comprends pas ma peur.
>
> Je parle ! j'ai peur de ma voix. Je marche ! j'ai peur de l'inconnu de derrière la porte, de derrière le rideau, de dans l'armoire, de sous le lit. Et pourtant je sais qu'il n'y a rien nulle part. [...]
>
> Mon feu n'avait plus que deux ou trois tisons rouges qui éclairaient juste les pieds du fauteuil ; et je crus revoir l'homme assis dessus. [...]
>
> Depuis ce jour-là j'ai peur tout seul, la nuit. Je la sens là, près de moi, autour de moi, la vision. [...]
>
> Il me hante, c'est fou, mais c'est ainsi. Qui, Il ? Je sais bien qu'il n'existe pas, que ce n'est rien ! Il n'existe que dans mon appréhension, que dans ma crainte, que dans mon angoisse ! Allons, assez !...
>
> Oui, mais j'ai beau me raisonner, me roidir, je ne peux plus rester seul chez moi, parce qu'il y est. Je ne le verrai plus, je le sais, il ne se montrera plus, c'est fini cela. Mais il y est tout de même, dans ma pensée. Il demeure invisible, cela n'empêche qu'il y soit. Il est derrière les portes, dans l'armoire fermée, sous le lit, dans tous les coins obscurs, dans toutes les ombres. Si je tourne la porte, si j'ouvre l'armoire,

si je baisse ma lumière sous le lit, si j'éclaire les coins, les ombres il n'y est plus ; mais alors je le sens derrière moi. Je me retourne, certain cependant que je ne le verrai pas, que je ne le verrai plus. Il n'en est pas moins derrière moi, encore.

C'est stupide, mais c'est atroce. Que veux-tu ? Je n'y peux rien. Mais si nous étions deux chez moi, je sens, oui, je sens assurément qu'il n'y serait plus ! Car il est là parce que je suis seul, uniquement parce que je suis seul[3] ! »

La présence invisible dont témoigne l'expérience de la folie n'est pas irréelle, mais sa réalité n'appartient pas au monde sensible, elle ne peut être objectivée par les sens. Tout au plus pressentie, elle n'en est pas moins présente. D'autant plus présente qu'elle ignore les lois de la matière. Elle peut passer les murs, elle défie les limites temporelles. Notre raison ne la peut connaître ! Cette présence est angoissante parce qu'elle n'appartient pas à l'existence et cependant elle semble vouloir entrer dans l'existence. Venue d'un monde qui nous précédait, elle est en amont de l'existence. Elle est ce que nous étions et ce que nous serons. Elle « est », ou plutôt, elle est « l'être ». Elle est ce que nous sommes lorsque nous enlevons les masques de la matière (le corps, l'apparence physique) et ceux de la psychologie (la personnalité, les sentiments, les affects, les sensations, etc.). Cette présence est en quelque sorte l'écho muet ou le reflet invisible de ce que nous sommes *véritablement* dans une autre dimension – *hors temps* et *hors espace* –. Comment parler d'elle ? Comment la deviner ? La folie et la poésie, mais aussi l'art et la foi nous offrent des voies d'accès, voies que ne peuvent emprunter que ceux qui savent entendre.

---

3. (de) MAUPASSANT Guy, *Lui ?*

Face

ÉTRANGE, dérangeante, l'atmosphère. Impossible de rester impassible, l'appréhension telle une brise, taquine le crâne et l'échine, comme quoi, même tannée à l'aventure, à l'infiltration des milieux les plus divers, aux rencontres insolites parfois louches, la raison peut encore flancher aux circonstances par la réminiscence de terreurs ancestrales dont on se croyait affranchi et qui encombrent toujours notre tréfonds. Bien, ce qui m'arrive en ce vendredi soir en un lieu pourtant des plus anodins, la salle à manger d'un petit trois pièces, au deuxième étage d'une HLM de Saint-Ouen en banlieue parisienne. Sommes treize au coudoiement autour de la table ou plutôt onze, car la place manque et deux membres de l'assemblée sont au rattrapage de promiscuité sur des chaises derrière Serge callé à ma droite. En posture de statue, tous, traits à peine discernables sous l'anémie de chevet de la lampe posée sur le buffet qui, à lui seul, occupe le tiers de la pièce. Face à moi, en présidence de séance, notre hôte, Joël bouille du Christ, joues émaciées, barbichette, cheveux en panache par un catogan, yeux clos, lèvres entrouvertes, il tangue comme le repu au roupillon, et par instants, convulsionne et crépite un charabia. Notre affût son agitation, faut qu'elle déborde, monte phénomène, or, là, se réduit aux éphémères secousses. Pas la faute de Joël, ces flops à répétition, contrairement aux apparences, subit la situation plus que tout le monde, n'est pas en somnolence mais en soustraction de lui-même, disons qu'il cède sa carcasse, s'amoindrit potiche à disposition des entités. Intermédiaire, Joël, vulgaire moyen de communication de l'au-delà avec nous autres du bas monde. Ça, notre attente depuis un bon quart d'heure, qu'une âme en errance l'investisse jusqu'à la totale possession et nous livre son message. Vraiment propice aux frissons la situation : la pénombre, le silence, notre pose de santon aux côtés de la silhouette du Fils en oscillations. Qu'un voisin embusqué à sa fenêtre nous croche d'un regard et la police déboule aux flonflons de sirène pour nous emballer au flagrant délit de réunion sectaire ! Trop prévisible, la délation, nos hôtes nous en préservent grâce aux volets clos. Court donc aucun risque l'immigration clandestine des esprits, quinze ans d'ailleurs, qu'elle pérégrine en toute impunité tous les vendredis soirs, hormis les grandes vacances, juillet et août, quinze ans, que l'indicible délègue des rodailleurs qui transforment Joël, forçat en écritures. A rempli des milliers de pages à jaillissements frénétiques, oui, des milliers, dont carrément, un livre, comme on va le voir. Alors pourquoi traînent-ils à la manifestation ce soir les esprits, est-ce espièglerie, bouderie, fâcherie à cause de ma présence, moi, le sceptique, à moins que d'anciens syndicalistes encore infectés de leur mentalité terrestre lancent le premier débrayage céleste ; dernière hypothèse, comme l'éternité abolit le temps, ou plutôt, que le temps n'est qu'une fable qui ligote l'humanité à sa despote cadence, nos visiteurs n'ont pas à se précipiter pour s'accaparer Joël. Vingt-trois minutes, à présent, qu'ils nous languissent !

Plutôt que vous laissez aux tisons de l'attente, vais vous présenter les trois animateurs de ces réunions hebdomadaires avec les plénipotentiaires de l'autre monde. Joël, bien sûr, et les deux qui le flanquent, à sa gauche, son épouse la scintillante Laurie, à sa droite, l'inséparable ami, le frère spirituel, Jean-Luc.

Et d'abord Joël. Une réhabilitation sa bobine de doux Jésus, ne l'a attrapée la glorieuse image que passés les vingt ans, mais avant ça, du jour où les poils en percée lui avaient agrafé un bouquet au menton, c'était, « Satan », « Lucifer », « Sale crochu » qu'on l'alpaguait quand il baguenaudait un guéridon sous le bras. Drôle de zozo, un cinglé, un pauvre type ! Bien que les groupuscules bouillaient de l'écarter définitif à la caillassade ou à la baston, l'attaque se cantonnait à la rosserie des gosiers, tant son apparition, germait la terreur. Pourtant, pas bardée de muscles sa silhouette, non, moulée sur un squelette, ce qui sans doute rassure les spectres en volée de moineaux à son giron. Chef d'une bande invisible, le solitaire ! Ne vous esclaffez pas, d'autres l'ont fait avant vous et ça leur aurait valu la pelade aux emmerdes sans la mansuétude de Joël. Ainsi, alors que sur un bord de trottoir, il mettait grâce au guéridon des passants au dialogue avec sa clique des ténèbres, un mariole en valorisation de gloriole, lui avait intimé de décamper. Avait ignoré la semonce, Joël et poursuivit son audience publique des trépassés. Pas de l'héroïsme, son indifférence, juste la nécessaire concentration pour générer le phénomène. Affront pour la gouape l'attitude, et pour autant, ne se rue pas sur l'ahuri, lui fout trop les chocottes avec son trépied rockeur, se contente de rattraper son autorité de Cro-Magnon à la flopée de quolibets. Offusque les esprits la souillure de leur émissaire, ils le vengent à la gigue de guéridon. Soudain, en frénésie suicidaire le câlineur de postérieurs, tempête à se rompre, du vilain qu'il débite en rage frappeuse, révèle les larcins du caïd et de sa horde, ah, flagellent piteux les terreurs, matés tous, par le procureur à trois pieds !

La répétition à l'identique de deux nouvelles séances du tribunal funèbre, assura la libre déambulation de Joël dans toute la ville même dans les quartiers où la police ne risquait plus une ronde, devait juste supporter les « Satan », « Lucifer », « Sale crochu », décochés sournoisement à distance, lâcheté qui métamorphosait l'insulte en déférence, inspire la frayeur, le sosie du Seigneur, malgré la douceur de sa voix, et la bonté en escarbilles à ses prunelles !

Dès sa naissance, l'ambivalence à l'apparence avec, déjà, l'hypnotique luminescence du regard, quant à l'effroi, se déclenche au lorgnage de ses petons orné chacun d'un orteil supplémentaire. À contrecœur que la mère s'empresse d'enfouir l'horreur sous les minuscules bottillons tricotés avec amour. Pas du tout une malformation qui afflige son poupon, au contraire, une distinction, la révélation d'un don, c'est ce qu'elle lui enfourna dans le crâne dès qu'il s'éveilla à son corps, ne lui bichonne pas ça pour le couper des complexes, non, mais pour être elle-même des élus aux grâces inavouables ! Sorcière la maman, comme avant elle, sa mère, sa grand-mère, toute une lignée, en revanche pour ses enfants, sur les huit, il a fallu attendre les deux derniers, Joël donc et la petite Muriel qui l'a précédé trois ans plus tôt, à la différence, qu'elle, rien ne la repère au coup d'œil à croire que les revenants s'affalent comme des corbeaux sur les berceaux et s'y chamaillent les fontanelles pour déceler les sujets infiltrables.

Elle a raison, la mère, qu'un sigle honorifique de surdoué de l'étrange, l'anomalie physique, d'ailleurs, purs symboles les orteils surnuméraires, montent à douze les doigts de pieds du marmot or, au jeu sacré du tarot, le douze c'est le pendu, personnage accroché au bois de justice par la cheville droite, la jambe gauche libre, elle, croise l'autre à l'équerre, les mains synonymes de mobilité, sont nouées dans le dos, toutes ces entraves signifient le désintérêt pour la réalité matérielle et un grand pouvoir spirituel. Le pendu, bien que la tête en bas, furète donc l'éther où maraudent les défunts. Limpide l'interprétation ! Reste que la prédestination ne préserve pas d'une initiation, de sorte que notre loupiot se retrouve comme sa sœur aux terreurs nocturnes. Terrifiant leur chœur d'épouvante, dressés, yeux exorbités, « une maison de fous » se lamente le père, sommeil réparateur mité par les sinistres beuglantes alors que les nuits sont déjà trop courtes pour récupérer de son esclavage de tourneur à l'usine. Pour lui, qui vendrait volontiers *L'Huma* le dimanche à la sortie de la messe aux piliers de la bondieuserie – quelques pelés seulement à Saint-Ouen la Rouge – les histoires de fantômes, c'est comme le Bon Dieu, de l'opium pour le peuple, aussi, classe simples cauchemars les transes qui dérèglent ses minots, moque sa femme, la chère épouse, la mère admirable, qui, en douce, houspille l'invisible collé au râble de ses petits toute la journée. Ah, ça jacasse aux oreilles de sa Muriel, peccadille le bourdonnement comparé à ce qu'endure son Joël, sont si nombreux en goguettes terrestres par son intermédiaire, qu'ils en saturent parfois l'atmosphère alentour ce qui floque la « Saint-Guy » aux objets, et, quand il entre dans une pièce, hop, bibelots et autres quincailles de décors improvisent une féerie de vitrine de Noël. À l'adolescence, le cas s'aggrave, le pauvre gamin dingue aux pommes à chaque visite d'un site historique !

La première fois, ce fut à Versailles avec l'école, à l'entrée de la galerie des glaces, boum, le nez direct au parquet ciré ; quand il revint au monde dans les bras de la maitresse qui l'avait ramassé, il souffle : « Les châteaux c'est pas fait pour la populace ! » Vraiment trop bizarre, l'énergumène, pas un marmot à l'approcher, même les escogriffes future gale des cités n'osent pas le tyranniser. À l'écart définitif, Joël, de quoi tomber dingo, aussi, tout naturellement se tourne vers ses tourmenteurs, les découvrent bons bougres, pas du tout hostiles, copine si bien avec eux qu'il en oublie la réalité, glisse sociétaire à part entière du fond de classe. Récidiviste au redoublement, voire au triplement, ainsi, reste trois ans au CM2 et en cinquième, du jamais vu, habituellement pareil cancre se débarrasse au renvoi, mais lui, embringue les enseignants à la compassion, n'est pas un emmerdeur, ni un flémard, encore moins un benêt, file bien poli, gentil, un modèle à la discipline voilà, ce qui lui vaut le repêchage au conseil de fin d'année et lui permet de s'éterniser en complicité buissonnière avec ses compères des autres dimensions. Eux, d'ailleurs, ces véritables professeurs, révolutionnaire leur méthode, nécessite aucun effort, rien à apprendre, suffit de s'abandonner aux nues et la connaissance l'infiltre en une révélation ! Attention, vous ne la possédez pas, c'est elle, qui vous possède ! Joël se découvre ainsi tout à trac, accordéoniste, violoniste, certes, n'éclate pas génie comme Mozart, ni même virtuose, mais sa dextérité lui aurait permis d'intégrer un orchestre musette sans grincer aux crincrins de valdoche. Se limitent pas à la voltige de notes ses facilités subites, cinglent aussi sa matière grise, et lui, casé au surplus au centre d'apprentissage d'ajusteur-mécano, lors d'un cours de dessin industriel voit ses mains exécutées en toute indépendance, dans une fulgurance, avec la précision d'un ordinateur, les plans d'un robot très original. Baba, le prof devant le prodige du nigaud, le couronne aussi sec à la note magistrale, et comme le phénomène se reproduit, très vite le glorifie à l'exemplarité. Du coup, le fleuron de la bleusaille productiviste qui l'ignorait, rapplique en nuée. Une chance, sa camaraderie, quand on pioche aux devoirs ! Hélas, trop originales ses lumières, trahissent la filouterie, aurait sans doute revalsé pestiféré si, à la cantine, il n'avait un jour troqué son trafic de la connaissance par une épate de foire, de son crayon magique divise la nappe de papier en vingt six cases, inscrit dans chacune une lettre de l'alphabet puis, saisissant un verre, improvise un dialogue avec les esprits au légendaire « oui Ja », de déplacement en déplacement se forma : « Ayez confiance en Dieu ! » Ah, l'esclaffade ! Étiqueté à jamais « doux dingue, illuminé », réputation, qui se répandit et lui valut le côtoiement aux séances clandestines quand, désemparé par la disparition d'un être cher, quiconque, voulait se requinquer à l'espoir de la vie après la mort.

De la même manière lui vinrent les fragiles de la raison en refus de l'assommoir médicamenteux. Serge reviendra plus tard sur ces cas trop vite apparentés à la maladie mentale par la psychiatrie. Parmi les rétifs à se reconnaître fretin potentiel d'asile se présenta un soir une jeune femme dont la beauté menace de dinguerie les bourrichons. Pourtant c'est bien elle, que l'on accuse de dérailler depuis qu'à l'adolescence des odeurs pestilentielles la cueillent de jour comme de nuit et la convulsent jusqu'aux vomissures. Comédie d'hystérique pour les toubibs, la remisent chez les cinglés ! Les parents au désespoir la traînent chez les exorcistes, curés, marabouts, aucun ne lui extirpe le diable, de sorte que c'est un joli brin de fille poussé aux relents de fumier qui, toute timide, se glisse autour de la table d'une arrière-salle de bistrot où Joël s'apprête à une convocation des âmes en fugue d'éternité. Beaucoup plus complexe qu'on l'imagine l'Au-Delà. Le trépas n'est pas gage de félicité ni même de purgatoire ou d'enfer. Certaines bascules aux catacombes se terminent au pourrissement entre deux mondes bloqués en répétition des derniers moments. À perpette le terrifiant manège, serait à l'origine des lieux hantés et des possessions ce dont est convaincu notre martyr des turpitudes putrides depuis cette fameuse soirée et cette rencontre de Joël son libérateur, parfaitement son libérateur ! À peine dans les transes, avait consigné, dans une rage d'écriture les confidences de deux naufragés de l'éther restés depuis plusieurs siècles au chevet de leurs cadavres enchaînés l'un à l'autre dans un cachot. Eux, qui infestent la beauté dans l'espoir de lui ravir l'énergie nécessaire pour se dégager et fuser enfin aux confins. Du ressort du médium le sauvetage des fantômes, appelle à la rescousse ses relations éclairées, traînent pas à l'intervention, la jeune fille ignorante du micmac sent soudain ses mollets gagnés par les fourmis, l'invasion gagne la taille, déborde, l'investit totalement, et au passage, la débarrasse de ses empoisonneurs ! Reste néanmoins sous possession, à celle macabre succède une autre plus légère, radieuse, et cependant plus tyrannique, celle de Cupidon ! Comme ça que Laurie, c'est elle, la belle, et Joël, en fièvre réciproque, ne se sont plus quittés passant serment devant le maire, germant un garçon et je vous le rappelle, tenant séance tous les vendredis soir à l'écoute des messages célestes quand notre présence à Serge et moi, ne grippe pas le dialogue. Car après une demi-heure dans l'obscurité, Joël, balançait toujours en épouvantail, pour rien !

« Assez ! », trépignent les impatients, veulent que j'ellipse, bondisse au fait mais par souci de connivence, que vous partagiez bien l'ambiance de l'étonnante cérémonie, je prolonge encore un peu ma narration. Peut-être apprécié des entités ce tempo limacier, souhaite que vous connaissiez nos hôtes en préambule de leur apparition. Découvrons donc le troisième larron, Jean-Luc, en ampleur jupitérienne à droite de Joël, converti tard à l'imbrication avec l'autre monde, l'hypothèse lui était même inconnue jusqu'à 18 ans, crépita « Quelle connerie, m'emmerdez pas avec ça ! » quand à la fin d'un dîner, chez son frère directeur d'un centre de vacances, monitrices et moniteurs, en allégresse de panses se tournent vers Joël, nouveau venu, et le pressent de mettre un verre aux interrogations écrites. S'oppose avec d'autant plus de véhémence, Jean-Luc, qu'il est aux douleurs de la disparition récente de sa maman. Sans effet, son potin à la charogne, l'assemblée s'entête à réclamer l'amusement aux frissons, seul, Joël le rallie, lui, s'interdit d'avilir vulgaire jeu de société le rituel d'obédience sacrée. Toutefois, a été trop longtemps en exclusion pour oser contrarier ses amis, à regrets bricole un compromis, à défaut de mener la séance, la supervise aux conseils tandis que Jean-Luc, résigné, se tasse dans un coin tout bougon. Dure pas sa bouderie, la faute du verre qui, pas rancunier, le choisit d'emblée comme interlocuteur. La rogne rebourgeonne à ses lèvres mais elle est vite submergée par les pleurs à la lecture des mots qui se composent... impossible, a la berlue, dans une valse ahurissante, inconcevable, qui devrait se finir au fracas, le verre le cajole à l'amour, pas l'amour pour l'amour en envolée philosophique, non, l'amour personnalisé, l'unique, celui dont il est privé à présent, l'amour de sa maman, avec ses tournures à elle, si particulières et des secrets rien qu'à eux, il convulse à gros bouillons, tous les autres qui visaient la rigolade aux palpitations, soudain bien ballots par contagion à l'émoi.

Après ça, plus du tout fumisterie les esprits et la possibilité de communication avec eux, révélation le divertissement saugrenu ! Sans transition du rejet à la dépendance, Jean-Luc ! Là, le hic, que dis-je, le drame de la pratique, annihile le sens critique. Aux œillères les convaincus. Pas un outrage pour eux le doute, pis, offense, blasphème, cinglante blessure ! Mon émission m'a placé au contact de ces gens – certains en position sociale très valorisante, ingénieur, patron, avocat, professeur, chercheur – qui, pour accepter l'intolérable, l'injuste disparition comme celle d'un enfant, ne vivaient plus que pour ces échanges avec leur(s) défunt(s) dans une projection anthropomorphiste de l'au-delà, en soi sujette à une légitime suspicion !

Bien que simple employé dans une imprimerie, Jean-Luc, prendra rapidement conscience de la morbide emprise, et s'il conserve l'intime conviction de la réalité du phénomène, il a retrouvé le sens du discernement – partagé par Joël –, ce qui, en dehors, de leur phénoménale générosité, rend leur fréquentation si précieuse et enrichissante pour un ahuri de mon acabit en boulimie d'interrogations sur la réalité du monde. Sincères et ouverts les compères, en ont toujours accepté avec enthousiasme mes demandes d'expérimentation, y compris quand je leur ai annoncé mon intention de les confronter à un psychiatre en charge d'un service dans l'un des hôpitaux les plus réputés chez les détraqués.

D'autant plus méritoire ce sens de l'ouverture, que le cas de Joël – je parle sous le contrôle de Serge – pourrait lui valoir de la part de très nombreux praticiens le diagnostic de délire !

Pile

C'est exact, la crainte est justifiée. Le délire est un diagnostic qui tombe vite lorsque les critères sont basés uniquement sur la norme. Être fou, cela signifie « sortir de la norme ». La norme c'est la moyenne, en d'autres termes, c'est la médiocrité : être moyen ou même être « très moyen » ce n'est pas un compliment intellectuel. Or, la norme implique la médiocrité. Les gens dits normaux ne sont pas des génies. La société a vite fait de se venger des gens géniaux, des « hors normes ». Comme moyen de la vengeance, il y a la psychiatrie ! Je pense toujours à ce rôle que la société, consciemment ou inconsciemment, veut déléguer à la psychiatrie. C'est pour cela qu'avant de poser un diagnostic, il faut être méfiant. Dans le cas de Joël, le simple fait de parler aux esprits peut passer pour un signe d'extravagance… J'étais là aussi, lors de ces soirées de contact avec l'au-delà. Je n'y ai vu que générosité, curiosité, et simplicité.

Face

Revenons à Jean-Luc ! Quelle chance de rattrapage ses souvenirs pour tous les écrits vains d'aujourd'hui vides d'histoire, leur simple retranscription garantirait le prix au festival de la littérature fantastique ! Si bouleversante l'intrigue que le livre pourrait s'ouvrir au banal il était une fois un jeune couple, Corinne et Jean-Luc, en rêve de famille idéale, espoirs tournicotés au rose, rose qui monte au rouge sous les ruades d'effusion tous les soirs pour la création du petit être merveille, perle à esbaudir amis et voisinage. Ah l'allégresse, le jour où, enfin, se manifestent les symptômes annonciateurs, ventre de l'adulée Corinne, illico centre du monde, mains, oreilles, yeux, en procession permanente sur la rondeur qui émerge puis enfle doucement, doucement. Fille, garçon ? Obsession la révélation. Dès le cinquième mois, fièvre joyeuse à l'échographie, rose, bleu, magie du progrès… Le gynéco tique à l'annonciation, plus sa préoccupation le genre du bambin en gestation, faussement badin, dévoile que c'est un garçon mais souhaite que Corinne se prête à des examens complémentaires, oh rien de grave… Résultat, trisomique le fœtus ! Effondré le rêve, pas ça la vie en rose, décident l'avortement ! Le temps de se réilluminer au rêve et le ventre repart en inflation. Idyllique la grossesse, ce sera une petite Émilie, et puis, lors de l'accouchement, le destin salopard culbute aux épines le rose programmé. Mort-né le bébé !

Patiemment, à petites intentions, Jean-Luc ramarra Corinne au désir de maternité. Quelques mois plus tard, l'espérance remobilisait sa taille jusqu'à lui fleurir un joli poupon, Jérémy, le jour de la sainte… Émilie !

Fâcheuse la coïncidence, aiguillonne Corinne aux remords. Hantise les deux disparitions précoces. Pur gâchis le débord d'énergie de Jean-Luc pour la requinquer, le morbide en fringale de hyène la dévore !

Dans l'espoir d'un apaisement Jean-Luc l'entraîne à une conférence sur l'avortement tenue par une médium brésilienne de passage à Paris. Supplices l'écoute, Corinne glougloute les larmes dans une bacchanale de Gorgone sous l'orage, si poignant le tintouin que le micro posé, l'intervenante délaisse les questions de l'auditoire et vient se planter devant elle, puis, à la volée, lui sert une logorrhée chuintante, traduite en écho par l'interprète qui l'a suivie :

« — Ne pleure pas, même s'il voulait venir au monde, l'esprit du bébé ne t'en veut pas, il sait que tu l'as sacrifié par amour, quant à la petite fille, c'est elle qui est réincarnée dans ton garçon ! »

Immédiat, l'apaisement de Corinne. Que cette femme, qu'elle n'a jamais vue, connaisse avec une telle précision sa douloureuse intimité est si invraisemblable qu'elle entérine vérité indubitable les propos qui présagent l'existence des esprits, en occulte l'hypothèse d'une perception télépathique des événements, ce que je m'empresse de faire remarquer à Jean-Luc à la narration de l'histoire. Prévisible ma réticence, l'attendait, l'accueille d'un sourire matois pour tenir sous la langue l'argument à foudroyer mon indécrottable scepticisme, tellement sûr du résultat, qu'il me le bazarde à la rigolade :

« — T'as raison, ça explique aussi, que mon Jérémy, qui ignorait totalement l'existence de sa petite sœur, devant le gâteau d'anniversaire de ses cinq ans, me lance comme ça : papa, tu te rappelles quand j'étais une petite fille ! »

Bien aux fracas ma raison, l'avoue, toutefois, fugace la capilotade, à peine en capitulation recède à mon obsession télépathique, fais remarquer au jovial Jean-Luc, qu'au fond rien n'exclut que son minot n'est capté le souvenir ancré dans sa mémoire, d'ailleurs, après six ans d'observations et d'investigations, postule, moi, que la télépathie est l'un des facteurs fondamentaux de la parapsychologie. Ainsi, à Saint-Ouen autour de la table, on ne serait pas à l'affût de la manifestation des esprits mais le silence, l'obscurité, l'attente focalisée sur Joël décrochent chacun des participants de son état de veille habituelle et, dans cette évanescence nos crânes tâtonneraient une fréquence d'harmonie instauratrice d'une entité psychique autonome, sorte de supra cerveau, dont Joël deviendrait à la fois le récepteur et le vecteur d'expression… Oh là, me bouscule à l'interprétation avant même le compte rendu de la séance, de quoi me faire légitimement saloper traficoteur de délit d'influence. Épargnez-moi la trique ! Me recale de suite sur les faits tels qu'ils se sont déroulés après… après plus d'une demi-heure au charivari de pensées, impossible d'être plus précis, personne n'ayant eu le réflexe de consulter sa montre ce qui confirme cette dissipation de chacun propice à… Fi des taquineries, la situation s'emballe du côté de Joël, lugubre son apparence, masque mortuaire en râles d'onomatopées, le corps gigote comme celui du supplicié sur la chaise électrique, les spasmes se propagent à ses poignets posés devant lui sur une pile de feuilles. Nous y sommes enfin au phénomène ! Rodé au rituel, Jean-Luc lui glisse promptement un stylo entre le pouce et l'index qui se referment dessus comme des serres… deux ultimes saccades le mettent en péril d'équilibre, puis, zoupt, la main fuse avec une précision mécanique en tête du papier et se propulse à l'écriture. D'une amplitude démesurée, les lettres, ce qui limite à sept-huit lignes par page le contenu. Malgré cette furie au débit, aucun mot ne déborde du cadre, le feuillet bouclé, Jean-Luc, dans un synchronisme parfait, le subtilise à la volée alors que Joël, yeux toujours clos, enchaîne la rédaction en haut du suivant. Vertigineux l'exercice, en rafale, ne s'interrompt qu'au bout de dix à quinze minutes, l'automate figé net dans sa posture de départ, pas en panne, non, en suspension, le temps que Jean-Luc s'escrime à la lecture. Pas que le manque de lumière sa difficulté, l'exécution en précipitation à encombrer, ici et là, le texte de hiéroglyphes, a beau écarquiller le porte-parole des défunts, coince au déchiffrage, ânonne des syllabes, tente des déductions au sens général de la phrase, s'énerve, apostrophe l'entité qui possède Joël, qu'elle s'applique un peu plus à la calligraphie, pas perdue dans l'air sa récrimination, on l'écoute là-haut, le pantin se remet en branle juste pour réécrire l'estropié de la dictée ! Si, d'aventure l'incompréhension demeure, là, c'est à l'interlocuteur de piaffer, à chaque erreur de suggestion, tapote rageur la pointe du stylo sur la feuille ce qui exaspère Jean-Luc, quête alors l'aide de Laurie, s'ils restent en rade, l'esprit, relance encore Joël, très rares les fois où la chamaille n'aboutit pas à la solution, ce qui ne signifie pas pour autant la compréhension du texte pour nos amis moins bien lotis au vocabulaire que leurs correspondants.

Qu'une pause la lecture, à peine terminée, Joël ou plutôt sa main – lui, subit, inconscient –, repart en ruées, comme ça, trois ou quatre séquences par séances. Goûtez cet extrait de ce qui a jailli en notre présence, mais, d'ores et déjà, sachez que la soirée se conclut par un « dialogue direct » entre les deux mondes.

« Expérience médiumnique du vendredi 9 janvier 2009.

Les esprits. — Mes amis, parlons des tendances humaines, des passions, de ce qui rythme les caractères. Nous aurions pu aussi parler des rhésus, de cette échelle qui mesure les compatibilités et les incompatibilités du sang. Dans les dédales de la médecine où l'homme veut soigner l'homme l'on découvrait que le sang n'était pas universel, ou peut-être une variété nuancée. Mais existe-t-il une vision, un état universaliste ?

Une tendance compatible avec tous ?

Sans parler d'un sentiment fade ou d'individualité transparente, peut-on incarner sur Terre une réciprocité, un état de concordance engageante, stimulante ?

Pouvez-vous sortir de vos castes, de vos obligations, de votre terreau pour entendre et concevoir l'universalisme ?

Que vous faut-il abandonner pour faire paraître sur votre Terre l'emblème d'un nouveau monde ?

Si toutes vos idéologies ont eu un effet dynamisant, elles ont aussi créées des sanctuaires mentaux dans lesquels vous vous démener.

Mes amis, Nous ne dirons pas « il est temps de créer le rassemblement », mais nous écrirons « rassemblez-vous sans attendre ». La forme vous appartient, ne la rendez pas unilatérale, mais trouvez le rhésus de l'âme universelle.

L'universalisme est la forme visible d'un élément éternel qui nous lie à jamais les uns aux autres. L'éloignement est, comme nous l'avons dit, un leurre. Pourtant il semble exister sur Terre que ce soit dans la société humaine ou la nature, mais il n'existe pas dans la matière qui compose ces mêmes formes. L'universalisme existe donc dans la matière mais pas dans la conscience ou le réflexe de l'instinct.

Alors existe-t-il sur Terre un rhésus pour le rassemblement, un sang fédérateur, un organe probant. La matière constitutive en est la meilleure approche.

Ne cherchez pas dans les méandres de vos souvenirs, ou connaissances. L'universalisme humain existe malgré tout mais il ne se mesure pas de la sorte. Tout comme la matière, il est fondamental. Le plus important est que vous ressentiez le besoin de vous rassembler, pour composer ! oui, mes amis, composer ! »

D'une semaine à l'autre, pas les mêmes entités qui se succèdent à l'occupation de l'enveloppe charnelle de Joël, il y a les familiers, les réguliers, les occasionnels, le style qui les distingue et les repère ce qui est l'un des points les plus dérangeants de la manifestation. Parfaitement identifiable la « personnalisation », pour autant, hormis la patte caractéristique dans pratiquement tous les témoignages et livres sur le sujet que j'ai eu sous les yeux. Les esprits se contentent d'un blabla de généralités. Ressort de ce perroquage, que la vie ici bas est épreuve, impurs nous autres, racailles plus ou moins salopardes dans des existences ultérieures, centre de correction pour nous retirer l'ordure, la planète, juste redressements nos emmerdes ! En déduis que les plus pourris de l'espèce loin d'être monstres à condamner à la potence, ne sont que les nécessaires justiciers mandatés par l'Immanence ! Qu'une rédemption nos souffrances à ce qu'assènent les guides dans les messages avec, comme carotte, l'éternité dans une troisième dimension dont ils font la retape aux clichés exotiques. Miroir de notre recoin de l'univers, le paradis, en tous points identiques et, néanmoins, l'expression de la perfection absolue !

Trop humaine la projection, ça, qui chiffonne la raison et grippe définitif l'adhésion à la croyance, pour autant, ce serait pour le moins prématuré et relèverait de la stricte suffisance, que dis-je, de la forfaiture, que refermer le dossier sur ce constat d'anthropomorphisme.

Fouinons donc l'histoire pour retrouver l'origine du phénomène, se débusque à la loupe dans les livres scolaires, tassés en coin de page à l'anecdote, pourtant, pas marginal le phénomène, s'inscrit même dans l'essor des sciences, occupe le beau monde à la fin du XVIIIe siècle et une bonne partie du XIXe époque de l'emballement à l'émerveillement et à la connaissance. Pas le gorgement de la panse dans des badineries ravigotées aux spiritueux les soirées d'alors, en boulimie de curiosités les citoyens, se grisent à l'expérimentation de découvertes, chimie, physique, la fée électricité. Appartiennent aux toqués du savoir, les « tourneurs de table », fricotent avec les théories émergentes les plus dérangeantes, nombreux ceux qui se rangent du côté de Darwin lors de la parution de *L'Origine des espèces* en 1859, Gabriel Delanne, l'un des théoriciens du mouvement, a même l'audace de récupérer le principe de l'évolution dans un ouvrage *L'évolution animique* :

> « L'âme humaine ne saurait faire exception à cette loi fondamentale de l'évolution, nous constatons sur la terre qu'elle passe par des phases qui embrassent les manifestations les plus diverses, depuis les humbles et chétives conceptions de l'état sauvage jusqu'aux magnifiques efflorescences du génie dans les nations civilisées. »

En propagande dans le spiritisme, le darwinisme, mieux, preuve de la réincarnation pour Allan Kardec l'apôtre du dialogue avec les esprits dont, d'ailleurs, il n'est nullement l'initiateur. Tardive son approche du phénomène, à 50 ans s'appelle encore Hippolyte Rivail pédagogue à la belle renommée de par ses manuels scolaires dans la ligne de Rousseau. Ah, Rousseau, à tétiner « ses rêveries » dès dix ans, en Suisse, dans le pensionnat fondé par Jean Pestalozzi qui entendait épanouir à la parole du maître, les jeunes crânes en jachères. Murit utopiste, Hippolyte, de quoi l'arrimer à la prose socialiste des Fourier, Saint-Simon, Proudhon. Ne se bourriche pas que le catéchisme du monde meilleur, Hyppolyte, Gargantua au savoir, jamais repu, avec en délassement une passion pour le magnétisme ce fluide universel censé animer et relier tous les éléments de l'univers. Régulateur du cosmos, le fluide, mieux, force vive, lui, l'authentique panacée pour l'Autrichien Franz Anton Mesmer, mais aussi, Armand Marie Jacques de Chastenet, marquis de Puységur qui, en application de ces principes, créent chacun une thérapie. À Serge l'évocation de cette révolution médicale.

Pile

FRANZ ANTON MESMER est un personnage attachant. Il était grand, beau et sans jeu de mots, nous pouvons ajouter qu'il « rayonnait ». Son ambition était de faire accepter sa théorie par le monde scientifique. Il ne faut pas oublier sa formation médicale. Né le 23 mai 1734 à Iznang, petit village autrichien, Mesmer a étudié très tôt la musique, le latin et la théologie dans un monastère qu'il quitta à l'âge de 15 ans avant d'entrer à l'école de théologie des jésuites de Dillingen puis à l'université jésuite d'Ingolstadt en 1754 pour sa troisième année de théologie. Lorsqu'il s'inscrit en médecine en 1760 à l'université de Vienne, il possède déjà le grade de docteur en philosophie. En 1766, il publie sa thèse de médecine intitulée *De l'influence des planètes sur le corps humain,* thèse dans laquelle il explique l'influence des corps célestes sur la physiologie humaine. La théorie de Mesmer trouve ses origines dans les siècles précédents avec des auteurs comme Paracelse (1493-1541), célèbre médecin suisse, alchimiste et astrologue selon lequel les aimants et les corps célestes sont capables d'attirer et d'affecter le corps humain en émettant un fluide céleste ; Jan Baptista van Helmont (1577-1644), médecin belge qui publie en 1621 *Le Traitement magnétique des plaies* où il considère que le pouvoir d'influer sur des objets éloignés n'est pas réservé à la nature minérale mais concerne aussi l'homme qui peut ainsi influer sur d'autres pour les guérir ; William Maxwell (1581-1641) médecin écossais dont le *De Medicina Magnetica,* paru en 1679, décrit un fluide universel responsable de l'influence de l'homme sur la matière et de l'homme sur l'homme. Bien avant ces auteurs, la fascination et les questionnements que suscitait l'attraction du fer pour l'aimant était déjà présente dans l'Antiquité. Dans les sociétés anciennes, des bracelets magnétiques étaient portés comme amulettes.

Grâce à son mariage en 1768 avec une riche veuve de 10 ans son aînée, Mesmer va côtoyer l'élite de la société viennoise. Cette même année il fait la connaissance du jeune Mozart, âgé de douze ans. Mesmer, dit-on gardera toute sa vie un œil protecteur sur la carrière de Mozart. Dans l'Opéra *Cosi fan tutte*, nous retrouvons une parodie bienveillante du docteur Mesmer. Passionné de musique, Mesmer serait aussi à l'origine de la commande de *Bastien Bastienne*. Comme Mozart plus tard, Mesmer est un franc-maçon et rencontre de nombreuses personnalités dans les domaines les plus variés, ce qui contribue à sa célébrité concernant sa théorie. Mais la célébrité ne signifie pas la reconnaissance intellectuelle et Mesmer devra faire face aux multiples rejets sceptiques et aux violentes réfutations. L'histoire du mesmérisme va connaître de farouches animosités. D'une certaine façon, elle avait commencé par une querelle entre Mesmer et le Père Hell, jésuite et astrologue à la cour de l'impératrice Marie-Thérèse. Le jésuite obtient des guérisons à l'aide d'un aimant d'acier, il en parle à Mesmer. Mais les deux hommes ne conçoivent pas le phénomène de la même façon. Pour Mesmer, l'aimant constitue un moyen de concentrer le fluide. Dispute violente entre les deux hommes. Mesmer est certain que le jésuite ne comprend rien à la théorie du magnétisme animal. Selon l'hypothèse mesmérienne, n'importe quel objet inanimé peut se magnétiser en entrant en contact avec sa propre personne si bien qu'au bout du compte une simple imposition des mains suffit pour que le malade ressente la force magnétique transmise.

Mesmer va formuler son hypothèse sous forme de 27 propositions fondamentales parmi lesquelles nous pouvons lire :

> « Il existe une influence mutuelle entre les corps célestes, la terre et les corps animés.
>
> Un fluide continu et universellement réparti (...) "est capable de recevoir, de propager et de communiquer toutes les impressions de mouvement" et "constitue le véhicule de cette influence".
>
> Cette action réciproque est soumise à des lois mécaniques inconnues jusqu'à présent.
>
> Il résulte de cette action des effets alternatifs, qui peuvent être considérés comme un flux et un reflux.
>
> Un mystérieux fluide "a des propriétés semblables à celles de l'aimant ; on peut y distinguer des pôles différents et contraires, que l'on peut modifier, relier, supprimer ou renforcer (...) cette faculté du corps animal, qui le place sous l'influence réciproque de ceux qui l'entourent, m'ont poussé, par comparaison avec l'aimant, à l'appeler magnétisme animal".
>
> L'action et la vertu du magnétisme animal peuvent être communiquées à d'autres corps animés et inanimés ; les uns et les autres en sont cependant plus ou moins susceptibles.
>
> On observe à l'expérience l'écoulement d'une matière

dont la subtilité pénètre tous les corps, sans perdre notablement son activité.

Son action a lieu à une distance éloignée, sans le secours d'aucun corps intermédiaire.

Mesmer pense que ce mystérieux fluide est "intensifié et réfléchi par les miroirs tout comme la lumière" et que cette propriété magnétique peut être "mise en réserve, concentrée et transportée".

Son action est communiquée, propagée et augmentée par le son.

L'aimant et l'électricité artificielle (...) ont sur les maladies des pouvoirs qu'elles partagent avec d'autres agents fournis par la Nature.

Ce principe peut guérir "directement des troubles nerveux et indirectement d'autres troubles".

Avec cette science, le médecin pourra déterminer d'une façon certaine l'origine, la nature et les progrès de la maladie, même la plus complexe. »

Dans sa dernière proposition, Mesmer prévoit que sa doctrine permettra au médecin de bien juger du degré de santé de chaque individu, et de le préserver des maladies auxquelles il pouvait être exposé : « l'art de guérir parviendra ainsi à sa dernière perfection. »

Malgré tous les efforts qu'il fournira pour rendre efficace l'application pratique de sa théorie, Mesmer n'obtiendra jamais l'assentiment des médecins viennois. Ces derniers protestent vigoureusement lorsqu'il accepte la demande de mademoiselle Paradies, pianiste aveugle qui veut retrouver la vue. Vouloir guérir les malades par simples attouchements ne peut être accepté par le monde médical qui ne voit là que charlatanisme. Après l'échec du traitement de mademoiselle Paradies et sous la vindicte médicale, Mesmer n'a d'autre choix que de quitter Vienne en 1777. Acceptant l'invitation de Louis XVI à venir à Paris pour faire ses expériences sur le magnétisme animal, il installe son cabinet au numéro seize de la place Vendôme. À Paris, il connaît très vite un grand succès auprès de la population mais reste toujours confronté au rejet du monde médical. Pendant cinq années, il traite tous ceux qui viennent le voir, traitement gratuit pour les démunis, traitement onéreux pour les riches. Parmi les dames qui le consultent, madame du Barry évoque la hauteur de ses honoraires. La technique du docteur Mesmer repose non seulement sur la notion d'un passage de fluide mais aussi et surtout sur les conditions optimales pour faciliter ce passage. Tout est mis en place, décor, lumière, fond sonore… comme un rituel qui doit garantir l'efficacité thérapeutique. Les malades entrent dans une pièce peu éclairée ; des miroirs semblent ajouter des présences mystérieuses par réflexion des ombres, un tapis épais amortit les pas, une musique douce et un parfum de fleurs d'oranger tamisent l'ambiance. Les malades se tiennent par la main autour du fameux baquet rempli d'eau « magnétisée ». Le thérapeute entre dans la pièce, vêtu d'une robe lilas, il tient dans la main une baguette jaune.

Rien de surnaturel pour Mesmer, son rituel agit sur les malades comme celui que les thérapeutes appliquent depuis les temps les plus reculés, comme les médecins qui autrefois étaient affublés de manteaux rouges, et de cannes dorées pour impressionner leurs malades, comme aujourd'hui, sous d'autres formes, la représentation du milieu médical est associée à une série de symboles et objets (croix rouge, couleuvre d'Esculape, serpents du caducée, ustensiles divers inquiétants ou mystérieux). Par ce rituel, Mesmer veut provoquer une crise. Il veut provoquer un état psychologique dans lequel le malade est plus facilement accessible à la suggestion.

En fait, le seul médecin qui aide fidèlement Mesmer, le seul qui croit en sa technique et qui tente inlassablement de la faire reconnaître auprès de ses confrères est Charles Deslon, médecin du frère de Louis XVI. Mais ce soutien, aussi influent soit-il, ne parviendra pas à entraîner l'approbation médicale. Ayant assisté à des guérisons spectaculaires, Deslon fonde avec des non-médecins la Société de l'Harmonie pour aider l'essor du magnétisme animal.

L'enthousiasme de Deslon pour cette théorie et son application va entraîner son exclusion de la liste des docteurs régents. Son intérêt pour le magnétisme animal ne faiblit pas, il publie un livre *Observations sur le magnétisme* et va jusqu'à se présenter comme possesseur du secret de la découverte du magnétisme animal. Dès lors la relation entre les deux hommes va s'envenimer. Pour Mesmer, il s'agit d'une véritable trahison. Il va connaître de nombreuses difficultés liées à des pratiques sauvages de sa technique, pratiques réalisées par des personnes qui se sont octroyé une autorisation moyennant des financements frauduleux.

Tout le malheur de Mesmer est là, il n'accepte pas de voir sa théorie du magnétisme animal rangée au rayon des impostures médicales ou des pratiques magiques. Il va jusqu'à refuser l'offre financière que Marie-Antoinette lui propose pour poursuivre ses travaux à Paris, considérant cette proposition humiliante. Il quitte Paris en 1781 mais son retour trois ans plus tard aura valeur de condamnation définitive. En effet, Louis XVI nomme le 12 mars 1784 une commission chargée d'étudier la validité scientifique du magnétisme animal. Le président est Benjamin Franklin, ambassadeur des États-Unis en France. Composée de neuf membres, dont cinq sont membres de l'académie des Sciences, Franklin, Jean-Baptiste Le Roy (physicien), Jean-Sylvain Bailly (astronome), Gabriel de Bory et Antoine Lavoisier (chimiste) et quatre médecins de la faculté de Médecine de Paris (Borie remplacé par Majaut) après sa mort, Sallin, d'Arcet et Joseph Ignace Guillotin. Le 5 avril, une deuxième commission, constituée de membres de l'Académie Royale de Médecine (Poissonnier, Gaille, Mauduyt, Andry et Laurent de Jussieu), est chargée de la même enquête.

Mesmer est indigné – il l'écrit avec force dans une lettre adressée à Franklin – de voir l'enquête reposée sur les observations et les pratiques de Deslon. Dans le même temps, inquiète de voir le magnétisme entrer en catimini dans le domaine universitaire, la faculté de Médecine engage les médecins à ne pas pratiquer le magnétisme.

Extrait du rapport de la société royale de Médecine :

« Il suit de la première partie de notre rapport :

Que le prétendu magnétisme animal, tel qu'on l'a annoncé de nos jours, est un système ancien, vanté dans les siècles précédents, et tombé dans l'oubli.

Que les partisans du magnétisme animal, soit ceux qui ont proposé ce système, soit ceux qui l'ont renouvelé parmi nous, n'ont pu autrefois, et ne peuvent encore aujourd'hui fournir aucune preuve de l'existence de l'agent inconnu ou du fluide auxquels ils attribuent des propriétés et des effets, et que, par conséquent, l'existence de cet agent est gratuitement supposée.

Que ce que l'on a nommé le magnétisme animal, réduit à sa valeur, d'après l'examen et l'analyse des faits, est l'art de faire tomber en convulsions, par l'attouchement des régions du corps les plus irritables et par les frictions que l'on exécute sur ces parties, les personnes très sensibles, après les avoir disposées à cet effet par des causes multipliées et concomitantes que l'on peut varier à volonté, et dont plusieurs sont seules capables de provoquer les convulsions les plus fortes dans certains cas et dans certains sujets (...).

Nous pensons :

— Que la théorie du magnétisme animal est un système absolument dénué de preuves ;

— Que ce prétendu moyen de guérir, réduit à l'irritation des régions sensibles, à l'imitation et aux effets de l'imagination ; est au moins inutile pour ceux dans lesquels il ne s'ensuit ni évacuations ni convulsions, et qu'il peut souvent devenir dangereux en provoquant et en portant à un trop haut degré la tension des fibres dans ceux dont les nerfs sont très sensibles ;

— Qu'il est très nuisible à ceux en qui il produit les effets que l'on a improprement appelés des crises ; qu'il est d'autant plus dangereux que les prétendues crises sont plus fortes, ou les convulsions plus violentes, et les évacuations plus abondantes, et qu'il y a un grand nombre de dispositions dans lesquelles ces suites peuvent être funestes ;

— Que les traitements faits en public par les procédés du magnétisme animal joignent à tous les inconvénients indiqués ci-dessus celui d'exposer un grand nombre de personnes, bien constituées d'ailleurs, à contracter une habitude spasmodique et convulsive qui peut devenir la source des plus grands maux ;

— Que ces conclusions doivent s'étendre à tout ce que l'on présente en ce moment au public sous la dénomination du magnétisme animal, puisque l'appareil et les effets en étant partout les mêmes, les inconvénients et les dangers auxquels il expose méritent partout la même attention.

À Paris, ce 16 août 1784,
Signé : Poissonnier, Caille, Mauduyt, Andry. »

Les rapports des deux commissions ont été publiés en quatre-vingts mille exemplaires par les presses de l'Imprimerie royale. La volonté était claire : mettre fin définitivement au magnétisme animal ! Cependant des scientifiques et certains médecins émettent des avis critiques envers les résultats des deux commissions, ils défendent la doctrine de Mesmer. C'est ainsi qu'Antoine-Laurent de Jussieu, médecin et botaniste, membre de la commission de la Société Royale de Médecine remarque l'efficacité de la technique malgré les faiblesses de la théorie, mais son avis est minoritaire. Il refuse de signer le rapport et publie son propre rapport un mois après le rapport de la Société Royale de Médecine.

Deux disciples de Mesmer, le Marquis de Puységur (1751-1825) et son frère, officier en retraite vont commencer des expériences sur le magnétisme animal. Le Marquis consignera chaque détail des séances et publiera plusieurs ouvrages importants sur ce sujet : *Mémoires pour servir à l'histoire et à l'établissement du magnétisme animal* (1784) ; *Du magnétisme animal considéré dans ses rapports avec diverses branches de la physique générale* (1807) ; *Recherches, expériences et observations physiologiques sur l'homme dans l'état du somnambulisme naturel, et dans le somnambulisme provoqué par l'acte magnétique* (1811) ; *Les Fous, les insensés, les maniaques et les frénétiques ne seraient-ils que des somnambules désordonnés ?* (1812). En 1811, de Puységur rend compte de ses recherches sur le sommeil somnambulique pendant lequel la personne concernée est accessible aux suggestions. Ce *somnambulisme magnétique* provoqué par le magnétiseur correspond en fait à un état hypnotique mais le mot « hypnose » n'est pas encore utilisé :

> « J'ai dit précédemment que le magnétisme animal n'était ni une science ni un art, mais seulement une faculté ; et que la pitié, la compassion, le tendre intérêt enfin que nous prenons aux peines et aux maux de nos semblables, étaient le motif, la cause ou plutôt le véhicule en nous du développement de cette faculté. Comme donc il n'est pas un seul homme qui, plus ou moins, ne soit susceptible d'aimer, de s'intéresser et de compatir ; il est donc de fait, et j'ai dû l'avancer affirmativement, que tous les hommes avaient la faculté de magnétiser. [...] Tant que les hommes ont ignoré l'existence de leur faculté magnétique, ne pouvant avoir la volonté de l'exercer, ils ont pu souvent magnétiser accidentellement ; mais jamais ils n'ont dû volontairement produire aucun effet apparent sur les malades qu'ils ont touchés, ou près desquels ils se sont approchés. Mais du moment qu'avertis par M. Mesmer de l'existence de cette faculté, plusieurs d'entre eux en ont voulu faire usage, aussitôt il s'est manifesté sous leurs mains des effets très réels, sans doute, mais aussi vagues et aussi incohérents que l'étaient les divers motifs déterminatifs de leur volonté. C'est à cette dissemblance de direction de volonté parmi les premiers magnétiseurs, qu'il faut attribuer toutes ces convulsions, toutes ces extatiques catalepsies, et toutes ces crises désorganisatrices enfin, qui, en rappelant les scènes aussi scandaleuses qu'humiliantes pour l'humanité qui se passèrent autrefois sur le tombeau du diacre Pâris, révoltèrent avec tant de

raison tous les froids spectateurs des premiers baquets mesmériens.

Bien différent de tous ces effets désordonnés, quoique provenant cependant des mêmes éléments, principes de leurs causes (savoir de la force organique et de la volonté), le sommeil somnambulique est venu nous offrir une nouvelle et satisfaisante preuve non seulement de la réalité du magnétisme de l'homme, mais de la possibilité, quelles que soient la différence de force organique des magnétiseurs et la diversité des maux des magnétisés, d'en rendre les effets toujours utiles à l'humanité. Tels furent en effet, d'après l'uniforme et charitable direction de leurs volontés, tous les résultats magnétiques obtenus par les divers membres des Sociétés de Strasbourg, de Metz, de Nancy, et par tous mes camarades et amis du corps royal de l'artillerie, qui pratiquèrent le magnétisme d'après les préceptes et les errements de ces sociétés [1]. »

En Allemagne et en Angleterre, des disciples du marquis de Puységur sont actifs. Par exemple, le pasteur Johann Kaspar Lavater (1741-1801) est un conseiller spirituel, Goethe était l'un de ses amis intimes. D'autres personnalités poursuivront la recherche faisant petit à petit accepter l'idée qu'il existe bien quelque chose qui se transfère d'un individu à un autre, selon des voies qu'il paraît difficile de préciser. Il s'agit maintenant de prouver scientifiquement l'effet d'une telle action et de dissiper les soupçons de charlatanisme qui pèsent sur la doctrine de Mesmer. Avec James Braid, un nouveau pas est franchi dans ce sens, ce

1. (de) PUYSÉGUR Armand Marie Jacques de Chastenet, *Recherches, expériences et observations physiologiques sur l'homme dans l'état de somnambulisme naturel, et dans le somnambulisme provoqué par l'acte magnétique.*

chirurgien de Manchester publie son livre en 1843 dans lequel il soutient que les états de transe n'ont rien de magique. Le livre s'intitule *Neurypnologie, Traité du sommeil nerveux ou hypnotisme, considéré dans ses relations avec le magnétisme animal.* Braid fait le rapprochement avec l'état de sommeil et propose une technique qui devient la technique hypnotique en remplaçant la fixation de l'attention sur la main du magnétiseur par la fixation de l'attention sur un objet brillant. Le fondement est solide puisqu'il utilise sa méthode pour l'anesthésie préopératoire.

Il n'est pas hasardeux d'établir une filiation intellectuelle directe entre Mesmer, les théories de Jean-Martin Charcot sur l'hystérie, théories basées sur l'hypnose, puis Sigmund Freud qui était venu à Paris voir le maître de la Salpêtrière et dont l'influence sur ses premiers travaux est certaine. Les premiers articles de Freud portent sur l'hystérie, il utilise alors l'hypnose comme procédé d'investigation du champ de l'inconscient. Très vite Freud abandonnera l'hypnose au profit de la technique de la cure analytique : la personne allongée sur le divan, invitée à dire sans choix sélectif tout ce qui lui vient à l'esprit selon la libre association des idées. Bien sûr au premier abord nous pouvons nous demander quel lien, au bout du compte, reste-t-il entre la théorie de Mesmer et la psychanalyse ? Ce lien est solide et il porte toujours sur cette notion d'un transfert, quelque chose passe… Au sens strict du terme, il ne s'agit pas du *transfert* en tant que concept fondamental de la psychanalyse qui désigne le cadre dans lequel s'inscrit l'interprétation psychanalytique. Il s'agit plutôt d'un transfert de pensée ou « induction de pensée ». Certes l'expression est souvent minimisée par les psychanalystes eux-mêmes, pourtant elle est de Freud. Très tôt, Freud a été sollicité par ces phénomènes de transmission ou induction de pensée. Son ami et élève Sandor Ferenczi s'est beaucoup intéressé aux phénomènes de télépathie, sa correspondance avec Freud révèle que ce dernier connaissait bien les arguments en faveur du phénomène. Au début de son œuvre, Freud a freiné les ardeurs de Ferenczi en l'invitant à poursuivre ses recherches dans ce domaine mais sans en faire la publicité, ni sous forme de communication, ni sous forme d'intervention en congrès. Le souci de Freud est très compréhensible au regard de ce qui s'était passé pour Mesmer, il s'agit d'éviter l'amalgame entre l'élaboration d'une théorie de l'inconscient et la naissance d'une doctrine pouvant paraître obscurantiste en ce début du XXe siècle, époque dominée par le positivisme. Freud a une culture scientifique, il est médecin, il montre qu'une logique rationnelle préside à tous les phénomènes qui échappent à notre conscience et qui semblent échapper à la raison. Pour cette raison, il se montre d'emblée très réticent à parler des expériences qui appartiennent à l'occultisme. De la même manière, il exhorte Carl Jung à ne pas rendre public ses recherches dans ce domaine. Jung ne suivra pas le conseil. Au fur et à mesure du temps qui passe et des sollicitations de Ferenczi, nous voyons s'affirmer chez Freud un avis positif concernant les phénomènes d'induction de la pensée. Il écrit plusieurs textes sur ce sujet. Dans *Psychanalyse et télépathie* écrit en 1921 et publié après sa mort, il écrit « il y a du transfert de pensée ». Dans *Rêve et télépathie* écrit en 1922 et dans *Le Rêve et l'occultisme* publié en 1933, Freud rapporte des expériences vécues par ses patients qui ont été confrontés à des prédictions de voyants ou diseurs de bonne aventure. Dans chaque cas, Freud interprète la prédiction comme l'expression des désirs secrets que le patient porte quelque part en lui, il les porte sans même en être conscients. Ces désirs inconscients sont comme transmis au voyant, lequel ne lit pas l'avenir mais reçoit un message véhiculé par le désir inconscient du patient. Donnant les détails d'une expérience personnelle où ses propres pensées lui semblent exprimées par un patient, Freud écrit :

> « Il me faut reconnaître qu'à mon sentiment la balance penche, ici aussi, en faveur de la transmission de pensée. [...] Je suis persuadé que vous n'allez pas être satisfaits de mon attitude vis-à-vis de ce problème : pas pleinement convaincus et pourtant prêts à l'être. Vous vous dites peut-être : "Voilà une fois de plus un individu qui a travaillé, sa vie durant, avec intégrité en tant que chercheur scientifique et qui, avec l'âge, devient faible d'esprit, dévot et crédule." Je sais qu'un certain nombre de grands noms font partie de cette série, mais moi, il ne faut pas me ranger parmi eux. En tout cas, je ne suis pas devenu dévot et, je l'espère, pas non plus crédule. Seulement, lorsque toute sa vie, on s'est tenu courbé pour éviter une collision douloureuse avec les faits, on conserve aussi avec l'âge un dos voûté qui se plie devant de nouveaux états de fait [2]. »

Dans ces phrases apparaît toute la sagesse d'un homme au vrai esprit scientifique, sachant rester modeste devant les faits sans les enfermer dans des présupposés rationa-

2. FREUD Sigmund, *Le Rêve et l'occultisme*, in *Nouvelles Conférences d'introduction à la psychanalyse,* Folio/essais, Paris, 2006, p. 76.

listes. Dans ma pratique de psychiatre je suis confronté aussi très fréquemment à ce type de faits. Ils sont nombreux mes prédécesseurs qui ont remarqué la fréquence des phénomènes de transmission de pensée en particulier dans le registre des psychoses schizophréniques. Il est courant de parler d'une « intuition psychotique » pour décrire cette capacité du patient à dire, sans le savoir, ce que vous pensez. L'expression lacanienne « inconscient à ciel ouvert » va dans le même sens. Là encore, il y a une notion de transfert de pensée, transfert qui peut aussi se faire dans les deux sens. De très nombreux infirmiers ou médecins exerçant dans les services de psychiatrie peuvent rapporter l'expérience suivante, elle s'observe aussi dans les autres disciplines médicales parce que la relation avec les patients n'échappe jamais au cadre transférentiel. La psychiatrie est plus souvent concernée probablement du fait de notre regard plus affûté sur les phénomènes psychologiques et aussi de notre proximité avec les patients schizophrènes qui sont encore plus disposés à ce phénomène. L'expérience, bien connue des soignants, consiste à revoir un patient après avoir pensé à lui la veille alors qu'il n'avait pas été vu depuis une grande période. C'est ainsi que nombre de soignants s'attendent à accueillir en consultation ou en hospitalisation un patient dont on n'a plus de nouvelles depuis longtemps mais dont le souvenir a été exprimé récemment sans raison apparente par un membre de l'équipe.

Pour revenir à Mesmer et au magnétisme animal, je pense qu'il a été trop en avance pour son époque. Il a annoncé et expérimenté la puissance de la suggestion, puissance qui sera plus tard investiguée par les théories sur l'hypnose et qui est aujourd'hui mise en pratique dans le cadre thérapeutique. Il a posé les bases pour l'exploration d'une nouvelle forme de subjectivité qui se manifeste chez la personne magnétisée par cette guérison « inconsciente » par un fluide subtil et invisible. Le marquis de Puységur poursuivra dans cette même direction en révélant deux états chez la même personne, l'état de conscience et l'état de somnambulisme magnétique pendant lequel la personne éveillée peut se déplacer, répondre aux questions. Après son réveil la personne ne garde aucun souvenir de ce qui s'est passé pendant cet intervalle de temps. Puységur a souligné avec force : « La faculté que les somnambules magnétiques ont de connaître les moyens et les remèdes qui peuvent être nécessaires à la guérison de leurs maux. » Cette remarque est essentielle parce qu'elle implique l'existence d'un savoir quelque part en nous, savoir auquel on ne peut accéder que dans un état « hors conscience ». C'est sur l'hypothèse d'un savoir extérieur à notre conscience que la psychanalyse se fondera plus d'un siècle après les premières descriptions de Puységur.

Face

Disparaît pas avec Mesmer et Puységur le magnétisme, la théorie filoche en clandestinité aux murmures grâce à des savants comme Jussieu et des érudits comme Hippolyte Rivail, indubitable pour eux le fluide universel, dépouillé de la notion d'âme, âme que des hurluberlus de plus en plus nombreux prétendent faire jaillir à volonté par la magie d'un protocole en apparence aussi rigoureux que ceux appliqués dans les multiples expérimentations scientifiques qui éberluent les assemblées à la reproduction des phénomènes physiques ou chimiques.

À l'une de ces étranges soirées que se retrouve convié dans un hôtel particulier à Lyon en 1855, Hippolyte Rivail. Aiguillonné par son insatiable curiosité, se glisse avec les autres autour d'une table de ripailles vide du traditionnel attirail ménager. Assis, mains tendues, les hôtes tâtonnent la communion de pensée au silence. Fatal au temps la tentative de diapason, se détraque le temps, lambine la mesure, se dilate, aubaine pour la table cette rupture avec les lois de la nature, en profite pour éprouver ses capacités au mouvement, d'abord ébroue, trépigne puis, prise d'une crise de frénésie, débourre pur sang ! Quel rodéo, infalsifiable pour une lourdaude de salon manœuvrable que par des costauds ! En extase les participants, attribuent le prodige à une colère des esprits, affirment que les autres fois la sarabande s'était circonscrite à un dialogue, tous bien attentifs à la frappe du pied sur le sol, le nombre de coups révélant la place de la lettre dans l'alphabet, par enchaînements, se composait un mot enfin un message. Pas convaincu Rivail, ineptie l'interprétation, lui, s'accroche à l'hypothèse du magnétisme universel. Offense, cet entêtement de la part d'un homme si brillant pour les convertis qui rêvent d'établir une spiritualité nouvelle libre de tout dogme, le lâchent pas, pour le rallier, lui servent, d'abord, des piles de procès-verbaux de séances qui se multiplient dans toutes les villes. Par courtoisie s'abrutit à la lecture Hyppolite, s'abrutit, le verbe s'impose de par la teneur des messages, indigente, du baume pour naïfs ou désespérés incapables de surmonter un deuil. Vraiment consterné Rivail quand il rend le fatras épistolaire à ses dépositaires. Qu'importe restent résolus à sa conversion, les tourtereaux des morts. Aiguillon son dépit, lui offre une autre lecture, va l'ébranler à coup sûr, pas d'un farfelu les écrits, d'un savant révéré, l'un des cerveaux les plus féconds de tous les temps, un Suédois auréolé du titre d'assesseur extraordinaire au collège des Mines de Stockholm, auteur de traités d'algèbre, d'une méthode de calcul de la longitude, d'une mécanique du système solaire, d'un plan de sous-marin, a conçu des écluses, un projet de canal pour relier l'Atlantique à la Baltique, s'est intéressé à la sidérurgie, à l'anatomie, la physiologie… dans l'Histoire il n'y a guère que Léonard de Vinci à l'égaler au génie, Emmanuel Swedenborg, son nom ! Génie, l'a toujours refusée la suprême distinction, qu'une usurpation, se déniait la paternité de son œuvre en seize volumes *Arcane Céleste*, dictée des anges et des esprits de défunts la surabondance encyclopédique à ce qu'il affirma dès l'amorce de la publication en 1745. Qu'un vulgaire scribe à l'entendre l'éminent membre de l'académie royale des Sciences ce dont doutait Hippolyte Rivail qui n'avait pas attendu les bonimenteurs de l'au-delà pour découvrir Swedenborg. À bannir l'affirmation du phénix, s'était abusé lui-même par excès de modestie, poison son affirmation, dépossède l'espèce du don de créativité, suggère que l'intuition et l'inspiration ne seraient pas facultés du cerveau mais infiltrations des esprits, de sorte que ce seraient eux, selon leur fantaisie, les orchestrateurs de l'évolution de la pensée humaine ! Ah, les pilonne aux judicieux arguments les illuminés faussaires du magnétisme, puisqu'ils se gargarisent aux histoires extraordinaires leur rappelle celle des sœurs Fox, deux petites Américaines de 12 et 13 ans, Margaret et Katherine qui, à Hydesville, bourgade de l'État de New-York, ont à partir de 1847, affolé et enfiévré l'Amérique par leur dialogue avec un esprit frappeur qu'elles baptisèrent « Pied-Fourchu ».

Tout commença par un bruit bizarre, trop régulier et persistant pour être identifiable à un des habituels échos sonores qui font grincer, couiner, geindre une bâtisse en bois comme la ferme familiale, d'autant qu'il toquait systématiquement près de l'endroit où se trouvaient les jouvencelles, comme ça, qu'elles s'amusèrent à l'interpeller et qu'il répondit d'un tremblement général des murs. Pas que frappeur l'esprit, facétieux, se mit à taquiner les gamines aux jets de bibelots et à la secousse de meubles. La famille aux frissons de frousse alerta le pasteur. Très vite, la nouvelle gagna le voisinage, un échotier la reprit dans son journal et elle se retrouva à la une des grands quotidiens. Nationale l'affaire, Margaret et Katherine traitées phénomène de foire, finirent d'ailleurs chez Barnum, qui affriolait les foules à l'exhibition des pires disgrâces de la nature : siamois, femme à barbe, homme de 250 kg, hermaphrodite… les sœurs, elles, durent convoquer à heure fixe « Monsieur Pied-Fourchu », ce qui, évidemment les entraîna à la supercherie et condamna leur numéro au scandale. N'eut aucune incidence sur la propagation du dialogue avec l'au-delà, la dénonciation, trois millions d'Américains finirent par se mobiliser à petites assemblées pour mettre en valses tapageuses : tables, guéridons, assiettes, verres… qu'une conclusion pour

Hippolyte Rivail : « Le fluide universel ! Le magnétisme, rien que le magnétisme, ne cherchez pas ailleurs ! »

Toutefois trop urbain, trop social, Rivail pour ne pas concéder de temps à autre la participation à une soirée consacrée aux tables. Pas une mode, une authentique épidémie la pratique ! Dans les salons, on repère Balzac, Alexandre Dumas, Théophile Gautier, Camille Flammarion, Arago… Sans gêne les esprits, interpellent volontiers les Grands Hommes, et un soir, par l'intermédiaire d'un médium, c'est notre Rivail que l'au-delà cueille et lui révèle que dans une vie précédente, était druide, s'appelait Allan Kardec ! Foudroyé le rétif, ébroué jusqu'au tréfonds, magique la résonance, séance, convaincu et converti. Comme y a jamais meilleur prêcheur que l'ancien réfractaire à une cause, les entités choisissent Rivail, l'homme du progrès, comme interlocuteur privilégié et lui dictent un premier ouvrage *Le Livre des esprits* qui le griffe définitif « messie du spiritisme », foule en pâmoison comme en témoigne encore aujourd'hui sa tombe au Père-Lachaise en perpétuelle luxuriance de devanture de fleuriste.

Plutôt que classer hurluberlus, gibiers de secte, naïfs manipulés par des gougnafiers illusionnistes, les adeptes de Kardec, les sceptiques devraient s'interroger sur cet invraisemblable engouement qui, pendant près d'un siècle a conditionné les soirées d'une bonne partie du gratin de l'Occident fascinée par la matière en agitation. Indubitable le fait, reproductible par tout à chacun avec un peu de patience, j'en témoigne, si bien que tout contempteur qui ne tente pas l'expérience – fût-il prix Nobel – auréole dernier crétin ! Pour ces infatués qui oublient que titres et honneur ne sont que breloques, j'ajoute à la liste des Dumas, Balzac, Flammarion, Arago, Pierre et Marie Curie : Victor Hugo ! Lors de son exil à Jersey, va, pendant plus de deux ans (1852-1853), dialoguer pratiquement au quotidien avec une table trépied en compagnie de son épouse, de ses fils Charles, François-Victor, sa fille Adèle et d'amis qui se succèdent comme le général Le Flo, Auguste Vacquerie.

À l'initiative de Delphine Gay, poétesse, épouse du publiciste Émile de Girardin, la marotte. En septembre 1852, soit au début du séjour du maître sur l'île, elle vient passer quelques jours à *Marine Terrasse* la propriété qu'il a achetée à la sortie de Saint-Hélier que tout prédestine à abriter le phénomène ! Cliché de film d'épouvante *Marine terrasse* plantée loin de tout sur la falaise que ne lâche pas la grande bleue le plus souvent en humeur noire par les bourrasques qui la chahutent. En sabbats permanents les éléments en ce lieu, qu'une illusion les rares moments où la nature minaude l'alanguissement, les airs, eux, goupillent déjà, la prochaine tourmente. Pas pour les hommes l'endroit, pas même pour les bêtes, en revanche, refuge idéal pour les fugueurs de l'au-delà, hantée la plage à côté de *Marine Terrasse*, la rumeur colporte que les nuits de pleine lune une dame blanche, infanticide, rode sur les rochers et qu'une dame noire, ancienne duchesse qui aurait immolé son père sur un dolmen lors d'une cérémonie, maraude, elle, sur le sable. Naturel, ici, le lien avec l'autre dimension, excellent dérivatif aussi contre l'ennui, si bien que toute la maisonnée – Victor Hugo en tête – s'empresse joyeuse au salon quand Delphine Gay propose d'organiser un bal de la matière pour la petite table trépied qu'elle s'est procurée dans un magasin de jouets à Saint-Hélier.

Le gotha de l'humanité trépassée qui, pendant plus de deux ans, décrocha du firmament à tour de rôle pour éclairer le génie et les siens ! Se succèdent Chateaubriand, Dante, Marat, Charlotte Corday, Robespierre, Annibal, Mahomet, Shakespeare, Luther, Molière, Aristote, Napoléon, Galilée, Platon, Josué, Jésus… mais aussi les esprits de grands animaux mythiques, le lion d'Androclés, l'ânesse de Balaam, la colombe de l'Arche et, plus invraisemblable encore, les âmes des abstractions de la pensée humaine : l'idée, le drame, la poésie, la critique, la blague, la mort !…

Indispensable, la consultation de quelques extraits de procès-verbaux des séances. Avons retenu un dialogue avec Shakespeare et deux communications avec l'esprit de la mort.

« Vendredi 13 janvier 1854.

Présents : Victor Hugo, Auguste Vacquerie.

Mme Hugo et Charles tiennent la table.

— Ton nom ?

— Shakespeare.

Victor Hugo. — J'attache un très grand prix à savoir si, avant de venir à notre prière, tu nous aurais fait ce grand honneur de venir de toi-même. Dis-moi donc si c'est toi qui es déjà venu.

— Oui.

Victor Hugo. — Tu sais que tu es pour nous un des quatre ou cinq plus grands créateurs de l'humanité, veux-tu nous dire ce qui s'est passé dans le tombeau et quelle rencontre a eu lieu le 23 avril 1616 ?

— J'ai baisé Corneille naissant.

Victor Hugo. — Je n'ai pas dit 1606, mais 1616. Recueille-toi et cherche si ce jour-là Shakespeare n'a pas rencontré un autre immense représentant de la pensée humaine.

— Non.

Victor Hugo. — Cependant, le 23 avril 1616, Cervantès est mort, le même jour, presque la même heure que toi. Est-ce que tu ne l'as pas rencontré ? Veux-tu répondre ?

— Non.

Victor Hugo. — Dis-tu que tu ne veux pas répondre, ou que tu n'as pas rencontré Cervantès ?

— Miguel de Cervantès n'est pas mort à la même heure que moi.

Victor Hugo. — Mais il est mort le même jour. Vous avez dû vous rencontrer dans le milieu où vous êtes allés. Deux génies comme vous devaient avoir à se parler. Que vous êtes-vous dit ?

— Quand on meurt on prend tout à coup l'âge de tous les morts, c'est-à-dire de l'éternité. Dans le Ciel il n'y a ni premier ni dernier venu. Tous ont une seconde de vie, et cette seconde dure cent millions d'ans. Demander à un mort : Combien y a-t-il de temps que tu es dans le Ciel ? C'est demander à un rayon : combien y a-t-il de temps que tu es dans le soleil ? Une âme est une sœur qui n'a pas d'aînée. L'infini n'est pas l'aîné de l'amour. L'éternité n'est pas l'aînée du génie. Tous les grands esprits sont jumeaux. Dante n'est pas le cadet d'Eschyle. Sophocle n'est pas le puîné d'Homère. Shakespeare n'est pas le petit frère, Job n'est pas le grand. Isaïe est aussi centenaire que Moïse. L'Horeb est aussi séculaire que le Sinaï. L'idée a des fils, mais non des petits-fils. Si tu interroges le rayon sur son âge, il te répondra : Demande à l'éclair. Si tu questionnes l'éclair, il te dira : Demande au rayon.

Victor Hugo. — En présence d'un génie tel que toi, les pensées abondent et se pressent, et voici celle qui s'offre d'abord à mon esprit. Quand tu étais sur la terre, tu créais, – tu créais après Dieu. Maintenant que tu as quitté la terre et que tu habites la véritable vie, la lumière, qu'est-ce que fait ton génie ? Tu vis, Shakespeare ; or il y a des idées indivisibles. Pour Shakespeare, vivre, c'est créer. Continues-tu de créer ? Continues-tu ton œuvre ? Ton œuvre subit-elle la même transformation que toi ? L'écris-tu, si ce mot écrire peut s'employer, dans une langue nouvelle pour nous, que les hommes ne comprendraient pas et qui est la langue propre du Ciel ? Sont-ce des drames que tu fais ? Sur quelles passions ? Sur quel monde ? Sur quelles idées ? Ces drames, s'ils nous étaient traduits, seraient-ils abordables à l'intelligence humaine ? En un mot, quel est le lien qui lierait dans ce cas ton œuvre dans le Ciel à ton œuvre sur la terre ?

— La vie humaine a des créateurs humains. La vie céleste a le Créateur divin. Créer, voilà le travail ; contempler, voilà la récompense. Sur la terre, les grands esprits créent pour moraliser mais dans le Ciel tout est moral, tout est bon, tout est juste, tout est beau. Le Ciel serait incomplet si je créais quelque chose, un chef-d'œuvre destituerait Dieu. Je suis condamné à l'admiration, moi l'admiré. Je suis perdu dans la foule des spectateurs, moi le créateur. Dieu se fait un parterre de demi-dieux. Orphée, Tyrtée, Homère, Eschyle, Sophocle, Euripide, Moïse, Ezéchiel, Isaïe, Daniel, Ésope, Dante, Rabelais, Cervantès, Molière, Shakespeare, et d'autres que j'entrevois sans les connaître dans l'infini, nous sommes aussi pensifs devant la lumière de l'Éternel. Jésus est à genoux. La lumière nous éclaire et nous éblouit. La vie nous ravit et nous déborde, et si tu voyais tous ces prophètes, tous ces mages, tous ces poètes et tous ces génies siégeant en cercle autour de Dieu, tu ne me demanderais pas si je crée. Non je regarde, non j'écoute, non je suis un atome attentif devant l'immensité. Je suis un grand homme abdiquant devant l'infini. Je tombe archange. Je descends petit du piédestal et je jette mon auréole. Je suis un rêve dont la mort est le réveil. J'avais l'art, maintenant j'ai l'amour. Mes créations ont laissé leurs ailes dans le tombeau. L'amour, c'est l'art ressuscité. L'art marche à la porte du Ciel, l'amour seul y entre. Le bonheur est une Mecque éternelle dont l'art est le pèlerin et dont l'amour est l'ange.

Victor Hugo. — Tu es venu sur la demande d'André Chénier. Peux-tu, à ton tour, prier André Chénier de revenir et nous dire quand il reviendra ?

— Oui

— Quand reviendra-t-il ?

— Dans 10 jours.

— Le 23 ?

— Oui

Victor Hugo sort.

Mme Hugo. — Tu dis que vous ne créez plus dans la vie où vous êtes. Comment se fait-il qu'André Chénier, lui, ne pense qu'à créer, à terminer ses œuvres ?

— La vie m'a couronné, elle a décapité Chénier. Chénier a encore quelque chose à dire à la vie. Moi, je ne parle plus qu'à Dieu ou en son nom. Shakespeare est le père de son œuvre. Chénier est l'orphelin de la sienne.

Clos à minuit. »

« Dimanche 3 septembre 1854,

Deux heures du jour.

Présents : Mme Victor Hugo, Jules Allix, Émile Allix

À la table : Mlle Augustine Allix et Charles Hugo.

Écrivant : Auguste Vacquerie.

— Qui est là ?

— La Mort.

— Pour qui viens-tu ?

— Pour la tombe.

— Parle.

— Les époux charmants envolés dans le fleuve pensent à vous. Ils vous aiment, ils vous voient, ils vous attendent et vous gardent votre place dans l'immense baiser.

Auguste Vacquerie. — Tu dis que nos morts nous attendent dans le monde où ils sont maintenant. Mais ils ne resteront pas dans ce monde ? Leur ascension continuera ? Explique-nous comment et où nous rejoindrons ceux qui sont partis de cette terre avant nous. Ne partiront-ils pas de leur monde nouveau avant que nous y soyons arrivés ? Et si leur ascension continue éternellement, dis-nous le moyen de rattraper l'avance qu'ils ont sur nous.

— Le moi de l'être aimant, c'est l'être aimé. Vos morts sont votre moi et vous êtes le moi de vos morts. Vos morts ne sont pas autre chose qu'une parcelle de votre vie qui commence ailleurs. Leur tombe est une des faces de votre demeure et un des côtés de votre âme. Quand vous serez morts, vous deviendrez eux et ils resteront vous. Dans le Ciel, on ne se rejoint pas, on se fond. Le paradis n'a qu'une bouche. L'amour est ses deux lèvres.

Mme Victor Hugo. — Ce que tu viens de dire m'inquiète. Nous nous fondrons avec nos morts ? Cela signifie-t-il que nous nous confondrons avec eux, et qu'ils n'existeront plus hors de nous et distincts de nous ? Sur la terre, ils avaient une vie propre, un corps que nous pouvions toucher, une forme que nous pouvions reconnaître. Nous voulons les retrouver avec leur personnalité ; nous voulons qu'ils soient eux et non pas nous. Dis-moi comment nous les reconnaîtrons.

— Le corps n'est pas la forme de l'être, mais sa formule. De même que la langue est la formule de l'idée. Le corps varie à l'infini et s'évanouit ; l'être est un et immortel. La langue varie à l'infini et s'évanouit, l'idée est une et éternelle. Il y a des mondes où les idées vivent sans formule et où les êtres vivent sans corps. Le corps n'est que l'habit de voyage de l'âme. On change de vêtement dans la tombe, le sépulcre est le vestiaire du Ciel. Les morts se reconnaissent à l'âme.

La séance a été interrompue brusquement par une visite.

Question de conscience posée par Victor Hugo aux tables. Un travail de vingt-cinq années dans lequel Victor Hugo avait entrevu plusieurs des résultats confirmés par les tables. Cette rencontre, il l'avoue, avait contrarié son « misérable amour-propre humain. » Doit-il continuer son travail ?

La Mort répond. Dualité de l'œuvre du poète. Conclusion de La Mort : Sois l'Œdipe de ta vie et le Sphinx de ta tombe.

« Mardi 19 septembre 1854, une heure et demi après midi.
Présents : Victor Hugo, Auguste Vacquerie,
François-Victor Hugo.
Tenant la table : Mme Hugo et Charles.

Victor Hugo. — J'ai une question grave à faire. Les êtres qui habitent l'invisible et qui voient la pensée dans nos cerveaux savent que, depuis vingt-cinq ans environ, je m'occupe des questions que la table soulève et approfondit.

Dans plus d'une occasion, la table m'a parlé de ce travail ; l'Ombre du Sépulcre m'a engagé à le terminer [...] Aujourd'hui, les choses que j'avais vues en entier, la table les confirme, et les demi-choses, elle les complète [...].

— Cette page est déjà trop longue. J'y ajoute tout ce qui est au fond de ma pensée, que la table connaît. Je la consulte sur la question que je viens de lui soumettre, et j'attends la réponse. Il va sans dire que je ferai ce qui me sera dit.

La table s'agite.

Victor Hugo. — Qui est là ?

— La Mort.

Victor Hugo. — As-tu entendu la question et viens-tu y répondre ?

— Oui

Victor Hugo. — Nous t'écoutons.

— Tout grand esprit fait dans sa vie deux œuvres : son œuvre de vivant et son œuvre de fantôme. Dans l'œuvre du vivant, il jette l'autre monde terrestre ; dans l'œuvre du fantôme, il verse l'autre monde céleste ; tandis que le vivant parle à son siècle la langue qu'il comprend, travaille au possible, affirme le visible, réalise le réel, éclaire le jour, justifie le juste, prouve la preuve ; tandis que dans son œuvre il lutte, il sue, il saigne, tandis que dans ce martyre, lui, le génie, il tient compte de l'imbécillité ; lui, le flambeau, il tient compte de l'ombre ; lui, l'élu tient compte de la foule et meurt, lui, le Christ, lui la... monde [1], entre deux voleurs, si vil, si bafoué, et portant une telle couronne qu'un âne brouterait son front ; tandis que le vivant fait ce premier ouvrage, le fantôme pensif, la nuit, pendant le silence universel, s'éveille dans

1. Mot illisible pour Victor Hugo.

le vivant, ô terreur ! Quoi, dit l'être humain, ce n'est pas tout ? Non, répond le spectre, lève-toi, debout, il fait grand vent, les chiens et les renards aboient, les ténèbres sont partout, la nature frissonne et tremble sous la corde du fouet de Dieu ; les crapauds, les serpents, les vers, les orties, les pierres, les grains de sable nous attendent : debout ! Tu viens de travailler pour l'homme, c'est bien ; mais l'homme n'est rien, l'homme n'est pas le fond de l'abîme, l'homme n'est pas la chute à pic dans l'horreur, c'est l'animal qui est le précipice, c'est la fleur qui est le gouffre, c'est l'oiseau qui donne le vertige, c'est du ver qu'on voit la tombe. Réveille-toi, viens faire ton autre œuvre. Viens regarder l'inabordable, viens contempler l'invisible, viens trouver l'introuvable, viens franchir l'infranchissable, viens justifier l'injustifiable, viens réaliser le non-réel, viens prouver l'improuvable. Tu as été le jour, viens être la nuit ; viens être l'ombre ; viens être les ténèbres ; viens être l'inconnu ; viens être l'impossible ; viens être le mystère ; viens être l'infini. Tu as été le visage, viens être le crâne ; tu as été le corps, viens être l'âme ; tu as été le vivant, viens être le fantôme.

Viens mourir, viens ressusciter, viens créer, viens naître. Je veux qu'après avoir vu ton fardeau, l'homme voie ton vol et sente confusément passer tes ailes formidables dans le ciel orageux de ton calvaire. Vivant, viens être le vent de la nuit, le bruit de la forêt, l'écume de la vague, l'ombre de l'antre ; viens être l'ouragan, viens être l'immense épouvante de la farouche obscurité. Si le pâtre frémit, que ce soit ton pas qu'il ait entendu ; si le marin tremble, que ce soit ton souffle qu'il ait senti. Je t'emporte avec moi ; l'éclair, notre pâle cheval, se cabre dans la nuée. Allons, sus ! assez de soleil. Aux étoiles ! Aux étoiles ! Aux étoiles !

Le fantôme se tait, et l'œuvre terrible commence. Les idées dans cette œuvre n'ont plus visage humain ; l'écrivain-spectre voit les idées-fantômes ; les mots s'effarent, les phrases frissonnent de tous leurs membres, le papier s'agite comme la voile d'un vaisseau dans la tempête, la plume sent sa barbe se hérisser, l'encrier devient l'abîme, les lettres flamboient, la table vacille, le plafond tremble, la vitre pâlit, la lampe a peur. Comme elles passent vite, les idées-fantômes ! Elles entrent dans le cerveau, brillent, épouvantent et disparaissent ; l'œil de l'écrivain-spectre les regarde planer par tourbillons phosphorescents dans les espaces noirs de l'immensité ; elles viennent de l'infini et elles vont à l'infini ; elles sont splendides et sombres et effrayantes ; elles fécondent ou foudroient ; elles ont créé Shakespeare, Eschyle, Molière, Dante, Cervantès ; Socrate est né d'une idée-fantôme ; Pascal est mort d'une idée fantôme ; elles sont transparentes et l'on voit Dieu à travers ; elles sont grandes, elles sont bonnes, elles sont augustes ; le crime, la souffrance, la matière fuient devant elles ; elles sont le grand courant du progrès universel. Malheur au mal ! est leur cri, et c'est une heure formidable que celle où passent dans le ciel, s'envolant vers le sabbat de l'immense mystère, effarées et assises sur le prodigieux balai des iniquités, toutes ces sorcières du paradis !

— Veux-tu que Charles se repose cinq minutes ?

— Oui.

On interrompt. Au bout de cinq minutes, on reprend.

Victor Hugo. — Il y a deux fois l'impossible, après regarder. Que veux-tu mettre ? Es-tu d'avis de changer ?

— Oui.

— Remplace.

— L'inabordable.

Victor Hugo. — Achève maintenant ce que tu avais commencé.

— L'œuvre se continue, l'œuvre s'achève, l'œuvre de jour a marché, couru, crié, chanté, parlé, flamboyé, aimé, lutté, souffert, consolé, pleuré, prié ; l'œuvre de nuit, farouche, est restée silencieuse ; l'aigle a fini avec le soleil, la chauve-souris commence avec la tombe. Il est mort, c'est bien heureux, dit le mal ; c'est bien heureux, dit l'erreur ; c'est bien heureux, dit l'envie ; non, répond la tombe, je ne me ferme pas, je m'ouvre. Je ne suis pas le mur de la vie, j'en suis la porte. Vous croyez qu'il a tout dit, erreur. Regardez, écoutez, tremblez, il est nuit dans le cimetière ; la tombe est là, humble, oubliée, profonde ; l'herbe y murmure seule contre la ruine ; tout à coup, la pierre se soulève, l'épitaphe s'émeut, et quelqu'un sort du sépulcre. C'est le fantôme. Que vient-il faire ? Il vient vivre ; il vient parler ; il vient lutter ; il vient remplacer le vivant ; il se fait homme ; il va, il court ; il remplit le monde ; il fait tourner la lourde vis des presses épouvantées ; il fait bondir de son souffle vertigineux les lettres de plomb effarées ; il est dans la chaudière à vapeur ; il est dans les roues de la machine et l'on entrevoit ses bras mystérieux s'agitant dans l'atelier et distribuant à la vie l'œuvre de la mort. Il est dans la foule ; il est dans le théâtre ; il est dans la rue ; il vient surprendre brusquement le monde endormi, et lui, l'inconnu, surgit comme l'inattendu, il devient le rêve du siècle dont il est l'idée. Plus de contestations ; l'homme est mort et les vers chassent les corbeaux ; la postérité émue, recueillie, pénétrée d'une horreur sacrée, entre dans son théâtre solennel et redouté. Prenez vos places pour l'infini, le lustre d'étoiles et la rampe de constellations sont allumés ; en place ! Le drame commence. Silence ! Le suaire se lève. J'arrive à ta question. Elle est délicate. Avant tout, ce que nous voulons, c'est le libre arbitre de l'homme ; ici, je n'ai rien à commander. Publie si tu veux. Voici seulement ce que j'ai à te dire : Sois l'Œdipe de ta vie et le Sphinx de ta tombe.

Clos à sept heures. »

Face

Hugolienne l'emphase ! Pour autant, impossible d'accuser le prince du verbe de la moindre supercherie, pas lui, qui tient la table dans ces séances, pas lui non plus, qui rédige le procès-verbal, voilà qui oblige à réévoquer l'hypothèse du « supra cerveau » agrégat de toutes les psychés des participants, « supra cerveau » qui, légitimement, s'organiserait dans une rivalité d'influence de ses constituants, et, en l'occurrence, tomberait sous la domination de l'inconscient du Père Victor ! Indispensable, ici, l'avis de Serge.

Pile

CETTE expérience d'Hugo m'a fait comprendre l'intérêt que portaient les pionniers de la psychanalyse à ce mystère. Citons Sandor Ferenczi, médecin hongrois, ami et disciple favori de Freud, qui s'est très tôt intéressé au spiritisme. En 1917, il publie un texte où il explique les raisons qui l'ont mené à l'écriture, dix-huit ans auparavant, d'un article intitulé *Spiritism*. Sa motivation est née d'une expérience d'écriture automatique :

> « Je saisis donc le crayon et, le tenant légèrement, plaçais la pointe sur un papier blanc ; j'étais décidé à abandonner complètement l'instrument à lui-même ; qu'il écrive ce qui lui plaît. D'abord vinrent des griffonnages sans signification, puis des lettres et quelques mots (auxquels je n'avais pas pensé), enfin des phrases cohérentes. J'en arrivai bientôt à conduire de véritables dialogues avec mon crayon : je lui posais des questions et recevais des réponses tout à fait inattendues. Avec l'avidité de la jeunesse je le questionnais d'abord sur les grands problèmes théoriques de la vie, puis passais aux questions pratiques. Le crayon fit alors la proposition suivante : « Écris un article sur le spiritisme pour la revue *Gyogyaszat*, son rédacteur sera intéressé. » Le lendemain, je me mis au travail [1]. »

---

1. FERENCZI Sandor, *Œuvres complètes*, Paris, Payot, 1968, tome II, p. 288.

Ferenczi gardera toujours la même conviction sur le sujet de l'occultisme et dira « que les phénomènes dits occultes n'ont rien de surnaturel et ne sont que les manifestations des fonctions psychiques inconscientes de l'homme ». Malheureusement, il me semble que la psychanalyse n'a pas assez exploité le phénomène. Outre l'hypothèse spirite d'un dialogue avec les esprits, les hypothèses psychologiques reposent sur la notion d'une dissociation de la personnalité. Un débat psychiatrique s'est constitué autour du thème de la dissociation de la personnalité. Il y a quelques années, certaines classifications psychiatriques distinguaient une catégorie diagnostique appelée « personnalité multiple ». Diagnostic vivement contesté, j'ai toujours pensé qu'il ne s'agissait pas d'une entité pathologique spécifique mais d'une des nombreuses manifestations de l'hystérie. Le débat se constituait autour de deux hypothèses, d'une part les partisans de la coexistence de plusieurs personnalités chez un même individu, d'autre part les partisans d'une même personnalité dissociée en plusieurs modalités. Débat d'experts qui aujourd'hui paraît moins vigoureux et a donné le jour à une nouvelle dénomination : « trouble dissociatif de l'identité ». Ce trouble est défini comme la dissociation d'une même personnalité qui se manifeste par des identités différentes ou « états de personnalité » distincts. Chacun de ces états semble posséder sa propre autonomie psychologique, sa propre manière de penser, de percevoir, de réagir avec l'entourage et l'environnement. Chacun de ses états possède des souvenirs qui lui sont propres et qui ne peuvent être évoqués par la personne lorsqu'elle revient à son état habituel antérieur. Ces « états de personnalité » peuvent se succéder en prenant tour à tour le contrôle du comportement de l'individu. Ce « trouble psychiatrique » peut nous éclairer sur le phénomène de l'écriture automatique, non parce que ce phénomène relèverait d'une pathologie mais parce qu'il pourrait révéler un mécanisme psychique décrit depuis le XIXe siècle sous les termes de *dissociation*, *désagrégation psychologique*, *automatisme mental*, mécanisme bien observé par Pierre Janet. Personnage imminent de la psychologie – il occupe la chaire de psychologie expérimentale et comparée au Collège de France de 1902 à 1934 –, Janet est aussi philosophe et médecin. Dans son ouvrage majeur *L'Automatisme psychologique* paru en 1889, il traite de multiples questions touchant au spiritisme, questions qu'il soumet à une observation clinique rigoureuse et auxquelles il rattache son système théorique. C'est ainsi qu'il aborde l'écriture automatique dans un chapitre intitulé : *Les Existences psychologiques simultanées comparées aux existences psychologiques successives*. Janet décrit une patiente hystérique, Lucie, qui présente une « anesthésie systématisée » c'est-à-dire un état somnambulique dans lequel elle ne semble plus ressentir les stimuli externes.

Selon lui, il ne s'agit pas d'un affaiblissement de la sensation, mais de la faculté de synthétiser les sensations en perception personnelle, ce qui génère une véritable désagrégation des phénomènes psychologiques. Janet constate que dans son état somnambulique la patiente peut écrire et « cette écriture subconsciente contient des réflexions justes, des récits circonstanciés, des calculs, etc. » Elle perçoit, dit-il, mais cette perception ne fait pas partie de la vie normale de la patiente car elle ignore cette conversation tenue par sa main.

> « Il faut de toute nécessité supposer que les sensations restées en dehors de la perception normale se sont à leur tour synthétisées en une seconde perception P'. [...] Il s'est formé une seconde existence psychologique, en même temps que l'existence psychologique normale, et avec ces sensations conscientes que la perception normale avait abandonnées en trop grand nombre.
>
> Quel est, en effet, le signe essentiel de l'existence d'une perception ? C'est l'unification de ces divers phénomènes et la notion de la personnalité qui s'exprime par le mot : "Je ou Moi". Or cette écriture subconsciente emploie à chaque instant le mot : "Je", elle est la manifestation d'une personne, exactement comme la parole normale du sujet. Il n'y a pas seulement perception secondaire, il y a personnalité secondaire, *secondary self*, comme disaient quelques auteurs anglais, en discutant les expériences sur l'écriture automatique que j'avais publiées autrefois. Sans doute ce *secondary* self est bien rudimentaire au début et ne peut guère être comparé au *normal self*, mais il va se développer d'une manière bien invraisemblable.
>
> Ayant constaté, non sans quelque étonnement je l'avoue, l'intelligence secondaire qui se manifestait par l'écriture automatique de Lucie, j'eus un jour avec elle la conversation suivante, pendant que son moi normal causait avec une autre personne.
>
> "— M'entendez-vous, lui dis-je ?
> — (Elle répond par écrit) Non.
> — Mais pour répondre il faut entendre.
> — Oui, absolument.
> — Alors, comment faites-vous ?
> — Je ne sais.

— Il faut bien qu'il y ait quelqu'un qui m'entende ?
— Oui.
— Qui cela ?
— Autre que Lucie.
— Ah bien ! une autre personne. Voulez-vous que nous lui donnions un nom ?
— Non.
— Si, ce sera plus commode.
— Eh bien Adrienne [2].
— Alors, Adrienne, m'entendez-vous ?
— Oui. »

Sans doute c'est moi qui ai suggéré le nom de ce personnage et lui ai donné ainsi une sorte d'individualité, mais on a vu combien il s'était développé spontanément. Ces dénominations du personnage subconscient facilitent beaucoup les expériences ; d'ailleurs l'écriture automatique prend presque toujours un nom de ce genre, sans que l'on ait rien suggéré, comme je l'ai constaté dans des lettres automatiques écrites spontanément par Léonie.

Une fois baptisé, le personnage inconscient est plus déterminé et plus net, il montre mieux ses caractères psychologiques. Il nous fait voir qu'il a surtout connaissance de ces sensations négligées par le personnage primaire ou normal ; c'est lui qui me dit que je pince le bras, ou que je touche le petit doigt, tandis que Lucie a depuis bien longtemps perdu toute sensation tactile ; c'est lui qui voit les objets que la suggestion négative a enlevés à la conscience de Lucie, qui remarque et signale mes croix et mes chiffres sur les papiers. Il use de ces sensations qu'on lui a abandonnées pour produire ses mouvements. Nous savons en effet qu'un même mouve-

2. Il y eut une petite difficulté à propos du nom de ce personnage, il changea deux fois de nom. Je n'insiste pas sur ce détail insignifiant dont j'ai parlé ailleurs. *Revue philosophique,* 1886, II, p. 589.

ment peut être exécuté, au moins par un adulte, de différentes manières, grâce à des images visuelles ou des images kinesthésiques ; par exemple, Lucie ne peut écrire que par des images visuelles, elle se baisse et suit sans cesse des yeux sa plume et son papier ; Adrienne, qui est la seconde personnalité simultanée, écrit sans regarder le papier, c'est qu'elle se sert des images kinesthésiques de l'écriture. Chacune a sa manière d'agir, comme sa manière de penser[3]. »

Parmi les caractéristiques de ce « moi secondaire », Janet relève la préférence marquée qu'il peut manifester à l'égard de certaines personnes. Une personnalité simultanée, par exemple Adrienne, peut répondre aux questions d'un observateur mais pas d'un autre. Janet relève aussi les manifestations de résistance du personnage secondaire. Ces personnalités simultanées ont leur propre volonté, leurs propres sentiments, distincts. C'est ainsi que devant une même patiente, certains observateurs peuvent ne pas se rendre compte de la coexistence d'autres personnalités.

« Un autre sujet, Léonie, avait appris à lire et à écrire passablement, et j'avais profité de ses nouvelles connaissances pour lui faire écrire pendant la veille quelques mots ou quelques lignes inconsciemment ; mais je l'avais renvoyée sans lui rien suggérer de plus. Elle avait quitté Le Havre depuis plus de deux mois quand je reçus d'elle la lettre la plus singulière. Sur la première page se trouvait une petite lettre d'un ton sérieux : elle était indisposée, disait-elle, plus souffrante un jour que l'autre, etc., et elle signait de son nom véritable "Femme B…" ; mais sur le verso commençait une autre lettre d'un tout autre style et que l'on me permettra de reproduire

3. Janet Pierre, *L'Automatisme psychologique*, Paris, Félix Alcan, 1889.

à titre de curiosité : "Mon cher bon monsieur, je viens vous dire que Léonie tout vrai, tout vrai, me fait souffrir beaucoup, elle ne peut pas dormir, elle me fait bien du mal ; je vais la démolir, elle m'embête, je suis malade aussi et bien fatiguée. C'est de la part de votre bien dévouée Léontine." Quand Léonie fut de retour au Havre, je l'interrogeai naturellement sur cette singulière missive : elle avait conservé un souvenir très exact de la première lettre ; elle pouvait m'en dire encore le contenu ; elle se souvenait de l'avoir cachetée dans l'enveloppe et même des détails de l'adresse qu'elle avait écrite avec peine ; mais elle n'avait pas le moindre souvenir de la seconde lettre. Je m'expliquais d'ailleurs cet oubli : ni la familiarité de la lettre, ni la liberté du style, ni les expressions employées, ni surtout la signature n'appartenaient à Léonie dans son état de veille. Tout cela appartenait au contraire au personnage inconscient qui s'était déjà manifesté à moi par bien d'autres actes. Je crus d'abord qu'il y avait eu une attaque de somnambulisme spontané entre le moment où elle terminait la première lettre et l'instant où elle cachetait l'enveloppe. Le personnage secondaire du somnambulisme qui savait l'intérêt que je prenais à Léonie et la façon dont je la guérissais souvent de ses accidents nerveux, aurait apparu un instant pour m'appeler à son aide ; le fait était déjà fort étrange. Mais depuis, ces lettres subconscientes et spontanées se sont multipliées et j'ai pu mieux étudier leur production. Fort heureusement, j'ai pu surprendre Léonie, une fois, au moment où elle accomplissait cette singulière opération. Elle était près d'une table et tenait encore le tricot auquel elle venait de travailler. Le visage était fort calme, les yeux regardaient en l'air avec un peu de fixité, mais elle ne semblait pas en attaque cataleptique ; elle chantait à demi-voix une ronde campagnarde, la main droite écrivait vivement et comme à la dérobée. Je commençai par lui enlever son papier à son insu et je lui parlai ; elle se retourna aussitôt bien éveillée, mais un peu surprise, car, dans son état de distraction, elle ne m'avait pas entendu entrer. “Elle avait passé, disait-elle, la journée à tricoter et elle chantait parce qu'elle se croyait seule.” Elle n'avait aucune connaissance du papier qu'elle écrivait. Tout s'était passé exactement, comme nous l'avons vu pour les actes inconscients, par distraction, avec la différence que rien n'avait été suggéré [4]. »

Les observations de Janet montrent que le personnage secondaire qui écrit ces lettres est intelligent aussi bien dans ses manifestations spontanées que dans ses manifestations provoquées. Il fait preuve d'une grande mémoire : une lettre contenait le récit de l'enfance même de Léonie. La connaissance de cette coexistence simultanée (et non plus seulement alternante) avec l'existence normale du sujet d'une nouvelle identité, peut nous apporter un éclairage sur le mystère de l'écriture automatique. Il pourrait s'agir de l'action de cette autre individualité qui, en nous, connaît et se souvient plus que nous. Nous devenons alors l'automate qui écrit sous sa dictée. Elle vient d'une profondeur à laquelle nous ne pouvons accéder que par l'hypnose ou par cet état de désagrégation psychologique selon la formule de Janet. En d'autres termes, nous sommes multiples, notre « moi » n'est qu'un leurre masquant de nombreuses autres identités. Je relie ces identités à notre histoire transgénérationnelle. Elles témoignent de notre *être véritable* qui ne commence pas à notre naissance et ne se termine pas à notre mort. Nous étions avant même de naître ! Ces identités sont comme les vestiges mystérieux et incomplets de notre atemporalité.

4. *Ibid.*

Reportons l'hypothèse du docteur Janet sur Joël, Jean-Luc, Laurie et leurs comparses. Tous confessent un niveau d'études limitées qui, comme ironise Joël rend la tradition de la carte postale de vacances, véritable torture. Aucun d'eux, donc ne possède le vocabulaire, l'aisance rédactionnelle, le sens de l'intrigue qui expliquent l'ouvrage « écrit » sans une retouche dans une continuité parfaite, d'un vendredi à l'autre pendant deux ans.

Apprécions l'inexplicable avec ce chapitre du livre intitulé *Daniel, je sais pourquoi* [5] :

Voyage spirituel

« Tout était blanc autour de moi, j'avais l'impression de voler au milieu des nuages. Je dis impression, car je sais qu'il n'y avait pas de nuages, mais il était question d'une énergie méconnue. Mon mental était riche de nouveaux termes, de nouvelles conceptions. Je n'avais pourtant suivi aucun cours particulier, mais je comprenais certaines théories employant des mots bien à propos. J'étais heureux de cette situation et les souvenirs de mon enfance martyre m'étaient devenus lointains, comme le sont les vieilles choses que quelquefois nous aimons manipuler, nettoyer et regarder, mais qui nous laissent un profond sentiment d'inutilité et d'encombrement. La vitesse avec laquelle je me déplaçais créait un courant d'air, j'en ressentais une force, une résistance à la pénétration au niveau du front. Mon corps était rempli de frissons. Je savais aussi que ma position était horizontale. Mes bras pendaient et mes jambes

5. Livre édité par leur association : l'Ifres (www.ifres.ifres.org)

étaient repliées vers l'arrière. Je percevais mon guide, là, à mes côtés. Je n'en voyais qu'une forme vaporeuse. Sa tête était cependant bien définie. Il avait cette fois-ci de longs cheveux s'étirant vers l'arrière. Plusieurs de ses mèches, telles des éclairs, partaient en tous sens, méconnaissant, semble-t-il, la force de notre déplacement. Son regard n'était qu'amour. Un regard indéfinissable, profond et scrutateur. Son sourire était angélique, bien que dessiné par aucun trait. C'était un ensemble que nous ne pouvions séparer et mesurer. Son cœur battait en sa poitrine, c'était extraordinaire ; l'émulsion qu'il propulsait se propageait de tout son long pour sortir de son corps, laissant une traînée ondulante derrière lui. En me retournant, je ne percevais rien, aucune profondeur, que ce blanc cotonneux, pourtant je savais que nous bougions, mais je n'évaluais pas le sens. Cette situation m'avait fait perdre pendant quelques instants le sens de mes épreuves, mais très vite je me souvins de la triste expérience que nous avions vécue avec mon père. J'étais décidé à en savoir plus et voulus poser quelques questions à mon guide. Celui-ci, connaissant mes moindres pensées, dit en me regardant :

— Daniel, tu es interrogatif et meurtri. La vie de ton père t'affecte encore. Tu voudrais pouvoir l'aider, comme le fait Sébastian…

— Oui, parlons-en de Sébastian, dis-je, comment fait-il pour l'approcher et le toucher ? Comment arrive-t-il à se faire entendre, alors que pour moi aucune matière ne semble pondérable ?

Mon guide répondit :

— Daniel, l'esprit peut tout, rien ne lui est caché et tout lui est donné. Les privations ou les impossibilités apparentes l'empêchant de suivre son instinct ne sont que relatives. Un discours que déjà je t'ai tenu. Ton entendement terrien commande tes pensées. Ta raison détermine des actes qui ne sont pas pondérables pour ta réalité spirituelle et inversement.

Car ton propre esprit peut et pense autre chose. Tu ne pourras donc accéder à la réalisation de tes vues et ambitions que lorsque tu contrôleras ta raison humaine relative à une planète, à une famille sympathique.

— Vous voulez dire, rajoutai-je, que Sébastian écoute plus son cœur que sa raison ?

— C'est un peu cela, continua mon guide. Mais tu as aussi remarqué que, malgré un souci égal d'aider cet esprit, tu as glissé sur les atomes comme le vent dans le désert sans pouvoir l'atteindre. Aucun obstacle apparent n'était une frontière pour toi, un état relatif que tu dois comprendre. Car, à la différence de Sébastian, tu as agi par réflexe sans écouter ton cœur. C'est pour cela que nous évoluons ici ensemble.

En écoutant ces mots, je pensai soudain à ma situation présente et voulus comprendre ce voyage :

— Que faisons-nous là, demandai-je ? Bougeons-nous, voyageons-nous d'un endroit à un autre ? Sommes-nous dans le monde des Esprits ? Dois-je faire attention à mes sens et occulter ce que je vois ?

— Pas tout à fait, disait mon guide, car tes sens spirituels s'éveillent et tu découvres peu à peu la réalité. Il faut pourtant encore relativiser tes jugements car ta raison est encore inexacte.

— Je veux maintenant aider les miens, comment faire ? Je sais que Sébastian est heureux, que mon père souffrant va bientôt retourner chez les Esprits et que ma mère est perdue dans l'astral.

— Daniel, disait mon guide, encore des évaluations d'homme. Comprend que les situations bénéfiques, comme les maléfiques, sont relatives et ne sont déterminées par aucun endroit ni jugement divin. Sache que ton père n'est pas laissé seul et jeté au feu de l'enfer, que ta mère n'est pas perdue et que tu jouis du même bonheur que Sébastian. Toutes ces évaluations chargées de repères imparfaits sont des caches t'obscurcissant la réalité. Les Esprits dont tu parles sont tout près de toi et peuvent t'apparaître, comme toi-même pourrais leur apparaître. La forme que prennent les choses et les êtres est un outil et non une condition autonome. Essaie encore de comprendre. Tu crois que nous nous déplaçons, tu ressens un mouvement, tu le détermines par une résistance. Mais sache, Daniel, que nous n'inscrivons aucun mouvement dans ce que tu appelles l'espace et que s'il te plaisait, tu pourrais percevoir tout autre chose que ces nuages neutres et sans fondement. Cet environnement n'est qu'un outil fonctionnel n'attendant qu'une suggestion pour la matérialiser.

— Vous me dites que je n'ai qu'à demander, rajoutai-je ; pourtant jusqu'ici je n'ai vu et ressenti que des choses imposées ?

— Tu te trompes, reprit mon guide, rien ne t'est imposé. N'oublie pas que ta raison humaine ne contrôle pas l'attitude primordiale et préexistante de ton Esprit.

— Je ne comprends pas, continuai-je. Pourquoi cette différence entre l'esprit et ma raison, tous deux sièges de ma personne ?

— Daniel, il n'en existe pas et ne cherche pas à en trouver une, car c'est ainsi que l'on créé des distances et c'est justement ce qui arrive pour toi.

Tout à coup, à peine la pensée de mon guide terminée, les formes blanches, qui nous entouraient, disparurent, laissant alors apparaître un spectacle extraordinaire.

J'étais dans la nuit étoilée où la lune m'apparaissait énorme, une boule gigantesque parsemée de trous et luisante comme du phosphore. En moi-même, je me demandais pourquoi cette planète était aussi proche. Des souvenirs accompa-

gnaient cette vision. Intervenant sur mon étonnement, mon guide dit :
— Oui, c'est effectivement la lune, mais elle n'a pas bougé de son orbite, c'est toi qui spirituellement t'en es approché.
— Comment cela, demandai-je, comment suis-je venu jusqu'ici sans n'avoir décrit aucun déplacement ?...
— Apprends-toi à élargir ta vision Daniel, continua mon guide.
C'est alors que je découvris une autre boule, trois fois plus grosse que la lune et toute bleue. Quel spectacle ravissant ! Cette sphère magnifique était entourée d'un halo turquoise, j'étais stupéfait et sans réaction.
— C'est la Terre, Daniel, l'endroit où tu as vécu et péri par ta mère.
La Terre, pensai-je, mais elle est ronde ? Comment donc les choses restent-elles sur sa surface ?
— Vois-tu, Daniel, reprit mon guide, tu sembles surpris. Pourtant ton Esprit connaît cette planète et sa pesanteur. Ta méconnaissance apparente est un résidu terrien, c'est la résultante d'une raison étriquée et juvénile, escamotant l'exaltation de la vérité. Fixe la Terre avec ton cœur, l'amour et tu recevras d'elle un message de vie et de paix.
J'étais interloqué, un millier de questions venaient à mon esprit. Devant de telles possibilités, je m'imaginais toutes sortes de découvertes et la résolution de toutes sortes de mystères. Ma confusion était cependant grandissante et le remord d'avoir laissé ma famille envahissait mon entendement. Un pincement au cœur me survint alors à l'ombre de ce spectacle lumineux. Attentionné mon guide me dit :
— Daniel, ressens-tu comme ce remord est puissant, comme il t'appelle, même à trois cent milles kilomètres de la Terre, te sollicitant de retourner vers elle. Je te le dis, peu à peu ce remord se transformera en corps de chair avec lequel tu pousseras de nouveau ton premier cri.

Ces mots me faisaient peur, je ne voulais pas retourner sur Terre, ni endurer les souffrances que l'on y trouve. Sa beauté me devenait alors moins évidente.

— Tu n'as pas tout à fait tort quant à la Terre, dit mon guide. Mais, Daniel, les tiens ont besoin de toi, comme tu as besoin d'eux.

— Les miens ont besoin de moi, je vous le disais alors que vous m'inspiriez de penser à mon évolution, argumentai-je intelligemment.

— Oui, bien entendu, sourit mon guide. Je vois que mes conseils portent leurs fruits. Je comprends tes rétorques et ne veux pas m'interposer à tes souhaits, mais je veux te permettre d'y accéder selon les lois divines. Je te poserai cette question : que veux-tu faire ?

Cette question m'était adressée avec un large sourire, j'en ressentais même une pointe d'humour. Je ne pus alors m'empêcher de rire et je crois bien que mon guide en fit autant.

Mais je ne savais quoi répondre, me rappelant que je ne devais pas me fier à mes visions mais au sens absolu des choses.

— Je ne sais pas quoi vous répondre, vous me troublez. D'un côté, l'espace et la découverte de l'univers, de l'autre la Terre et les miens. J'aimerais connaître et ne pas me réincarner de suite !

— Oh ! Daniel, dit mon guide, Dieu est bon, car il permet cela. Mais tu es attendu pour un travail spécifique qui servira les hommes du XXIe siècle.

Ces paroles étaient bien mystérieuses, je savais aussi que je ne pouvais espérer plus. Mon guide n'était pas à la disposition de mes caprices. C'est alors que nous descendîmes vers la Terre. Son horizon courbé se redressait pour s'aplanir. Les détails de sa surface devenaient de plus en plus appréciables. Bientôt nous traversâmes nuages et atmosphère, nous atterrîmes dans un paysage désertique où la végétation était rare, presque inexistante. Je pouvais voir ramper quelques serpents et courir péniblement dans le sable des scorpions bataillant pour le gain du cadavre d'un quelconque animal. Un inquiétant paysage qui se présentait là

— Où sommes-nous ? Interrogeai-je mon guide.

— En Égypte, Daniel et je t'emmène dans la Vallée des Rois et ses alentours, là où les hommes construisirent de véritables témoignages retraçant le périple et la vie des esprits venus sur Terre.

C'était captivant, je suivis mon guide avec intérêt. Il survolait le sol en accompagnant les reliefs de celui-ci. Ses changements de directions étaient francs, comme ceux d'un insecte survolant les fleurs.

Il me dit :

— Regarde bien, comprends-tu là où je veux en venir ? Écoute donc ton cœur, car c'est lui qui a dirigé notre route…

Au fur et à mesure que nous avancions vers notre destination, nous rencontrions d'autres esprits semblant vaquer à leurs occupations. Pourtant une certaine différence existait entre eux et nous, c'est qu'ils évoluaient dans le paysage terrestre : ils se trouvaient tout à la fois chez les incarnés et dans le monde des Esprits.

Du haut de leur tête s'émancipait une sorte d'entonnoir croissant vers l'infini du ciel. À plusieurs reprises, ces esprits croisèrent notre route, sans nous prêter attention, comme si nous n'existions pas et ceci malgré mes efforts à les interpeller. Mes actes étaient vains, et ces êtres mystérieux à l'allure humaine continuaient leur chemin, glissant dans l'espace comme le poisson dans l'eau.

Revenant vers moi, mon guide me dit :

— Ne soit pas étonné et contrarié de cette attitude d'indifférence, car ils ne te perçoivent pas.

Ils vivent une autre expérience que la tienne, existant dans un autre espace et sous une autre sympathie spirituelle. À ceci je rétorquai :

— Si je les perçois, pourquoi eux ne me voient-ils pas ? Ai-je donc plus de facilité ?

— Tu ne possèdes pas plus de faculté ou de pouvoir, répondit mon guide, mais un objectif différent. Sache que le déterminisme est un puissant facteur existentiel. La matière est, quant à elle, une prolongation du désir spirituel. Ces esprits pourraient te voir et te parler, mais là n'est pas leur objectif. Tu pourrais également les interpeller, leur imposer ta voix, mais ton cœur en a décidé autrement et les désirs humains n'ont ici aucun poids.

Après avoir fini son explication, mon guide attira mon attention sur un autre esprit fort intéressant, me disant :

— Regarde celui-ci Daniel, voit comme il se déplace !

En effet, cet Esprit devait très certainement être en difficulté. Ses déplacements ressemblaient à ceux d'une plume qui serait prise dans un courant d'air. Tantôt à droite, puis à gauche, il tournoyait et virevoltait, ayant alternativement la tête en bas puis en haut, tout ceci avec un air sérieux et scrutateur. Cet esprit avait les sourcils froncés, le visage penché en avant comme pour guetter quelque chose. Mais objectivement, il avait quelques difficultés à se déplacer, d'autant plus qu'il était, semble-t-il, attaché à un cordon ou un fil qui, au gré de ses mouvements, s'enroulait autour de lui, mais toutefois sans jamais en être gêné. Ce lien semblait indestructible, je ne pouvais en voir le bout, se perdant dans l'horizon.

Mon guide m'expliqua :

— Daniel, ceci est l'extériorisation spirituelle d'un esprit incarné sur Terre. Ce lien le relie à son corps de chair qui se trouve en Europe. La forme que tu constates n'est pas systématique et varie selon les individus. Cet homme vit là une spiritualité amoindrie, ne percevant pas toutes les nuances du monde des esprits et le jour de sa mort, d'autres paysages que celui-ci s'offriront à lui.

Un homme vivant ? Pensai-je, qui a réussi à propulser son esprit jusqu'ici ? Je voulus alors l'atteindre, mais me sentis retenu.

— Non ! Dit mon guide, tu ne dois pas intervenir dans ce voyage, d'ailleurs cette entité ne comprendrait pas le sens de tes mots.

— Vous voulez dire qu'il pourrait m'entendre ?

— Oui Daniel, il le pourrait, mais les circonstances ne s'y prêtent guère. Plus tard, nous visiterons d'autres hommes aux capacités équivalentes que nous appelons médiums ou prophètes.

— Oui, répondis-je, je connais les prophètes et les mages, ma mère me comptait leurs fabuleuses histoires et notamment celle du Christ ! Existe-t-il d'ailleurs un Christ ?

À ces mots mon guide devint lumineux, éblouissant et me dit :

— Oui, Christ existe, plus proche de toi que moi-même.

Ses mots me réconfortèrent, bien que l'état dans lequel s'était plongé mon guide m'interrogeait.

Continuant notre voyage, nous traversâmes alors une immense vallée, circonscrite par plusieurs édifices plus beaux les uns que les autres.

Soudain mon guide me dit :

— Vois ces mastabas, Daniel, ces temples et ces tombeaux. Ce sont les témoignages d'une communication. Ils sont édifiés à la base de la spiritualité, aujourd'hui laissés pour compte. Mais leur puissance reste fonctionnelle. »

Face

Bien jailli à la mitraille automatique le livre, sans une rature, sur rendez-vous hebdomadaire le vendredi soir à 21 heures, la créativité sans effort à ponctualité administrative avec, comme meneurs de l'exercice Joël et Jean-Luc eux les réfugiés des nimbes durant leur courte scolarité ! Indispensable d'introduire ici, une autre écriture, elle aussi automatique, initiée après l'immonde charcutaille de 1914-1918 par une bande de rescapés de l'horreur, à leur tête, un étudiant en médecine André Breton, Aragon et Philippe Soupault que rejoindront entre autres, Morise, Paul Éluard, Desnos, Vitrac, Boiffard, Dechério… et aussi Picasso ! Révoltés, tous, contre les mentalités nationales qui ont conduit le monde à la fange destructrice. En phase avec le mouvement Dada né à Zurich en 1916 autour de Tristan Tzara, rejettent les normes, véritable gangue pour la création, qu'elles rejoignent la capilotade générale, les normes, mots libérés de leur sens à se féconder à la musicalité. Pas pure déstructuration la détonante expression qu'ils baptisent « surréalisme », non pas une école, ni un genre littéraire mais la voie de connaissance des sentiments refoulés : rêves, folie, états hallucinatoires.

> « À aucun moment, se complaisait à rappeler André Breton, du jour où nous avons consenti à nous prêter à ces expériences nous n'avons adopté le point de vue spirite, en ce qui me concerne, je me refuse formellement à admettre qu'une communication quelconque existe entre les vivants et les morts. »

Par la fatigue et la solitude, la révélation des étranges facultés créatrices pour Breton. En 1919, alors qu'il vacille en somnolence, se sent comme submergé par des phrases en remarquable symphonie métaphorique « des éléments poétiques de premier ordre » écrit-il fasciné, il cherche à reproduire le phénomène et note cette production pure qui s'impose à lui « comme si une veine se fut brisée en moi, un mot suivait l'autre, se mettait à sa place, s'adaptait à la situation [...] une dictée de la pensée en l'absence de tout contrôle exercé par la raison en dehors de toute préoccupation esthétique ou morale ». Voilà qui justifie la révérence des surréalistes aux envoûtants prodiges : Isidore Ducasse comte de Lautréamont et Arthur Rimbaud. Lautréamont louait la métaphore « qui rend plus de services aux aspirateurs humains vers l'infini que ne s'efforcent de se le figurer ceux qui sont imbus de préjugés ». Quant à Rimbaud il confia à Verlaine :

> « Nous avons seulement à ouvrir nos sens à la sensation puis fixer avec les mots ce qu'ils ont reçu (...) notre unique soin doit être d'entendre, de voir, de noter. Et cela, sans choix, sans intervention de l'intelligence, ainsi je travaille à me rendre voyant. Je dis qu'il faut être voyant, se faire voyant, le poète se fait voyant par un long, immense et raisonné dérèglement de tous les sens (...) il s'ouvre et arrive à l'inconnu ! »

Bien cette voie qu'emprunte Breton avec son ami Philippe Soupiaut en 1920, s'adonnant à l'écriture automatique par séance de huit à dix heures (!) :

> « Dans l'euphorie, presque l'ivresse de la découverte [...] On n'en pouvait plus malgré tout. Et les hallucinations

guettaient. Je ne crois pas exagérer en disant que rien ne pouvait plus durer. »

En 15 jours « se révèlent » ainsi, à des vitesses de jaillissement différentes des textes publiés sous le titre *Les Champs magnétiques*. Affriolons-nous à un extrait : *Les Gants blancs :*

> « Les couloirs des grands hôtels sont déserts et la fumée des cigares se cache. Un homme descend les marches du sommeil et s'aperçoit qu'il pleut : les vitres sont blanches. On sait que près de lui repose un chien. Tous les obstacles sont présents. Il y a une tasse rose, un ordre donné et sans hâte les serviteurs tournent. Les grands rideaux du ciel s'ouvrent. Un bourdonnement accuse ce départ précipité. Qui peut courir aussi doucement ? Les noms perdent leurs visages. La rue n'est qu'une voie déserte.
>
> Vers quatre heures ce jour-là un homme très grand passait sur le pont qui unit les différentes îles. Les cloches ou les arbres sonnaient. Il croyait entendre les voix de ses amis : « le bureau des excursions paresseuses est à droite, lui criait-on, et samedi le peintre t'écrira. » Les voisins des solitudes se penchaient et toute la nuit on entendit les sifflements des réverbères. La maison capricieuse perd son sang. Nous aimons tous les incendies ; quand la couleur du ciel change c'est un mort qui passe. Que peut-on espérer de mieux ? Un autre homme devant la boutique d'un parfumeur écoutait les roulements d'un tambour lointain. La nuit qui planait au-dessus de sa tête vint se percher sur ses épaules. Les éventails conventionnels étaient à vendre : ils ne produisaient plus de fruits. On courait sans savoir les résultats dans la direction des ouvertures maritimes. Les horloges désespérées égrenaient un chapelet. Les ruches vertueuses s'organisaient. Personne ne passait près de ces grandes avenues

qui sont la force des villes. Un seul orage suffisait. Très loin ou tout près, la beauté humide des prisons était méconnue. Les meilleurs refuges sont les gares puisque jamais les voyageurs ne connaissent la route à suivre. On lirait dans les lignes des mains que les gages de la fidélité la plus odorante sont sans avenir. Que pouvons-nous faire des enfants musclés ? Le sang chaud des abeilles est conservé dans les bouteilles d'eaux minérales. Jamais on n'a vu les sincérités découvertes. Les hommes connus perdent leur vie dans l'insouciance de ces belles maisons qui font battre les cœurs.

Que paraissent petites ces marées sauvées ! Les bonheurs terrestres coulent à flot. Chaque objet sert de paradis.

Un grand boulevard de bronze est le chemin le plus direct. Les places magiques ne sont pas de bonnes stations. La marche lente et sûre : au bout de quelques heures, on aperçoit la jolie plante du saignement de nez. Le panorama des poitrinaires s'allume. On entend tous les pas des voyageurs souterrains. Mais le silence le plus ordinaire règne en ces lieux étroits. Un voyageur s'arrête, altéré. Émerveillé, il s'approche de cette plante colorée. Il veut sans doute la cueillir mais il ne peut que serrer la main d'un autre voyageur couvert de bijoux dérobés. Leurs yeux se donnent des flammes soufrées et longtemps ils parlent de leurs merveilleux cris. On croit entendre un murmure de lune sèche, mais un regard dissipe les plus prodigieuses rencontres. Personne n'a pu reconnaître ces voyageurs de race pâle.

Les crépuscules des banlieues et la tristesse des fêtes foraines les séparaient. Il fait si beau sous la tente. Une vapeur azurée parcourait les abords de la clairière et la plante miraculeuse croissait lentement. Aux extrémités militantes, de longs appels faisaient frissonner les arbustes ; c'étaient des paquebots qui quittaient pour plusieurs années l'île des adorations. Les émigrants calculaient déjà et n'ignoraient plus les combinaisons sentimentales. La forêt environnante se dépeuplait. Les animaux dans leurs tanières regardaient leurs petits. Les nuages disparaissaient rapidement laissant mourir les étoiles. La nuit se tarit.

Un voyageur insouciant dit à son compagnon : « J'ai marché devant moi et j'ai compris la fatalité des courses perpétuelles et des orgies solitaires. À ma droite j'ai tué un ami qui ne connaissait que le soleil. Ses rayons nous éclaboussaient douloureusement et j'avais si soif que j'ai bu ses souffrances. Il riait encore en me confiant son dernier soupir. Je ne pus m'empêcher de grincer des dents en lisant dans ses yeux la résignation passionnée des suicidés. Le vent me serrait la gorge et je n'ai pu savoir qui me parlait toujours. Je vous ai reconnu. »

Le silence obscur des métaux paissait leurs paroles. Le voyageur dont les mains étaient ornées répondit : « Les trois meilleurs jours de ma vie ont laissé dans ma poitrine un cœur pâle. Les odieuses saveurs des pays orientaux dressent des cauchemars. Je me souviens d'un homme qui courait sans voir ses mains. Aujourd'hui je vous revois. »

C'est ainsi qu'ils atteignirent les mois en r. Le jour se retire abandonnant à leurs lèvres quelques paroles très pures. À cette époque des autres années tous les corps s'entrouvrant sur des voies lactées, ils montaient dans les observatoires. Ils pâlissaient là sur des calculs de distances, de probabilités. Quelques dictons infaillibles comme celui de la Saint Médard au besoin leur revenaient en mémoire. Ils découvraient rarement un astre rouge comme un crime lointain ou une étoile de mer.

L'entrée de leur âme autrefois ouverte à tous vents est maintenant si bien obstruée qu'ils ne donnent plus prise au malheur. On les juge sur un habit qui ne leur appartient pas.

Ce sont le plus souvent deux mannequins très élégants sans tête et sans mains. Ceux qui veulent prendre de belles manières marchandent leurs costumes à l'étalage. Quand ils repassent le lendemain la mode n'y est déjà plus. Le faux col qui est en quelque sorte la bouche de ces coquillages livre passage à une grosse pince dorée qui saisit quand on ne la regarde pas les plus jolis reflets de la vitrine. La nuit, elle balance joyeusement sa petite étiquette sur laquelle chacun a pu lire : « Dernière nouveauté de la saison. » Ce qui habite nos deux amis sort peu à peu de sa quasi-immobilité. Cela tâtonne en avançant de beaux yeux pédonculés. Le corps en pleine formation de phosphore reste équidistant du jour et du magasin du tailleur. Il est relié par de fines antennes télégraphiques au sommeil des enfants. Les mannequins sont là-bas de liège. Ceintures de sauvetage. On est loin de ces charmantes formules de politesse. »

Face

Pas dus aux esprits *Les Champs magnétiques* pas plus c'est entendu, ceux de l'au-delà, que ceux d'ici-bas, enfin, cette partie du cerveau limitée à la matière grise ferrée à la raison, elle-même, patinée à la culture dominante, fruits du fameux inconscient, traqué par Freud à la psychanalyse, *Les Champs magnétiques* et avant lui, Charcot, l'École de Nancy, Babinski, l'avaient révélé par l'hypnose. Bien cette pratique que Breton insatiable à l'expérimentation avait proposé de reprendre quand René Crevel avait déballé, devant lui, Desnos et Merise, les quelques séances spirites auxquelles il avait assisté. Crevel, cobaye au sommeil hypnotique, avait alors formulé une sorte de réquisitoire où, résume Breton :

> « il est question d'une femme accusée d'avoir tué son mari et dont la culpabilité est contestée du fait qu'elle a agi à la requête de ce dernier ».

Comme Desnos, avait proclamé péremptoire, qu'il serait incapable de générer le phénomène, ses compagnons le poussèrent le surlendemain à oser l'exercice, que Breton rapporta en intégralité dans *Les Pas perdus* :

« — Que voyez-vous ?

— La mort

Il dessine une femme pendue au bord d'un chemin

Écrit : près de la fougère s'en vont deux (le reste se perd sur la table).

Je pose à ce moment la main sur sa main gauche.

Q. — Desnos, c'est Breton qui est là. Dis ce que tu vois pour lui.

R. — L'équateur (il dessine un cercle et un diamètre horizontal).

Q. — Est-ce un voyage que Breton doit faire ?…

R. — Oui.

Q. — Sera-ce un voyage d'affaires ?

R. — (Il fait non de la main. Écrit :) Nazimova.

Q. — Sa femme l'accompagnera-t-elle dans ce voyage ?

R. — ????

Q. — Ira-t-il retrouver Nazimova ?

R. — Non (souligné).

Q. — Sera-t-il avec Nazimova ?

R. — ?

Q. — Que sais-tu encore de Breton ? Parle.

R. — Le bateau et la neige – il y a aussi la jolie tour télégraphe – sur la jolie tour il y a un jeune (illisible).

Je retire ma main. Éluard pose la sienne à la place.

Q. — C'est Éluard.

R. — Oui. (dessin).
Q. — Que sais-tu de lui ?
R. — Chirico.
Q. — Rencontrera-t-il prochainement Chirico ?
R. — La merveille aux yeux mous comme un jeune bébé.
Q. — Que vois-tu d'Éluard ?
R. — Il est bleu.
Q. — Pourquoi est-il bleu ?
Q. — Parce que le ciel niche dans (un mot inachevé, indéchiffrable, toute la phrase est biffée rageusement).
La main de Péret remplace celle d'Éluard.
Q. — Que sais-tu de Péret ?
R. — Il mourra dans un wagon plein de gens.
Q. — Est-ce qu'il sera assassiné ?
R. — Oui.
Q. — Par qui ?
R. — (Il dessine un train, un homme qui tombe par la portière). Par un animal.
Q. — Par quel animal ?
R. — Un ruban bleu ma douce vagabonde.

Long silence puis : ne parlez plus d'elle, elle va naître dans quelques minutes.

La main d'Ernst remplace celle de Péret.

Q. — C'est Ernst qui te donne la main. Tu le connais ?
R. — Qui ?
Q. — Max Ernst.
R. — Oui.
Q. — Vivra-t-il longtemps ?
R. — 51 ans.
Q. — Que fera-t-il ?
R. — Il jouera avec les fous.
Q. — Sera-t-il heureux avec ces fous ?`
R. — Demandez à cette femme bleue.
Q. — Qui est cette femme bleue ?

R. — LÀ.
Q. — Quoi ? Là ?
R. — Tour.

On met fin au sommeil de Desnos. Réveil en sursaut précédé de gestes violents. »

Face

Délire sacrilège enragent les tenants du dialogue, pourraient ajouter que Benjamin Péret, désigné par Paul Eluard comme le plus grand des poètes n'est pas mort assassiné dans un wagon et que Max Ernst peintre, sculpteur écrivain, ne vivra pas 51 ans mais 84 ans ! Qu'une pantalonnade donc, la séance, en aucun cas assimilable à celles orchestrées sous l'égide d'un médium ! Comme ce livre, relève de l'étude, plaquons ici quelques extraits des très nombreuses communications auxquelles nous avons assisté ou dont nous avons butiné les témoignages.

S'impose d'abord, un retour à Saint-Ouen, ou par l'intermédiaire de Joël, l'au-delà initie une conversation sur la réalité du monde.

« Les esprits. — Mes chers amis, puisque l'existence est faite d'innombrables choix, il est évident que les autres potentiels de vie existent dans un présent perpétuel. Il n'est pas fou d'espérer et de vouloir vivre ces choses tout en considérant une réalité objective et une autre virtuelle ou potentiellement possible. C'est ce que vous entendiez par les mathématiques et ses probabilités.

Il existe une foule d'applications théoriques où, loin de l'aspect physique et mesuré, ces choses impossibles peuvent également exister d'une manière ou d'une autre. Nous y ferons un parallèle avec le déterminisme et surtout le fatalisme, compte tenu que ces choses semblent liées à des règles et des lois, elles-mêmes liées à des sens éternels comme la gravité ou la lumière. Pourtant l'observation d'un phénomène, sa récupération, son identification et ce, dans vos dimensions, n'est pas un gage de supériorité objective. Le choix d'un endroit, d'une direction ne peut prévaloir sur l'ensemble de tous les possibles. Il est important à nos yeux que vous compreniez la différence entre le fait mesuré et la potentialité environnante et virtuelle qui existe tout autant. N'oubliez pas que votre vie est faite d'observations et que l'univers en entier se construit autour de vos choix. La matière et sa physique ne sont pas la citadelle révélée de la raison et de sa suprématie. Il existe une vie au-delà de ces réponses et l'éternité regorge d'autres potentialités.

Jean-Luc. — Je n'ai rien compris.

Marc Menant. — C'est-à-dire, il y a la réalité concrète et toutes les potentialités telles que l'on peut les imaginer. Étant donné que le temps confond passé, présent, avenir, aucune vérité objective ne domine l'ensemble de toutes les potentialités. C'est-à-dire, qu'aujourd'hui, tu vis dans un Univers, c'est un exemple, et on estime qu'il y en a une multitude d'autres. Ton univers à toi n'est pas plus réel que les autres.

Les esprits. — Oui tout à fait. Prenez cette comparaison. Vous voici devant un panneau sans limite où sont fixées des ampoules alignées. Toutes sont potentiellement fonctionnelles. Mais vous ne pourrez en allumer qu'une à la fois et selon un choix qui vous est propre. Pourtant toutes celles restées éteintes sont réelles et potentiellement utilisables.

Marc Menant. — Ce n'est pas parce que tu as pour référence l'ampoule allumée, qu'il n'y a pas une vie dans les autres en résonance avec celle que tu choisis.

Les esprits. — Votre existence est bien plus que le plateau en entier, que les quelques ampoules que vous allumez.

Jean-Luc. — Ça peut être les autres vies que l'on peut avoir parce qu'a priori dans le spiritisme, on croit à la réincarnation.

Les esprits. — La réincarnation n'est identifiable, en tant que telle, que dans l'acceptation d'un temps linéaire.

Marc Menant. — Oui, c'est-à-dire, si tu es dans un temps confondu, tu ne peux pas avoir de réincarnation puisque tout a lieu en même temps. Il faut bien un déroulé du temps pour que tu puisses admettre l'idée de la réincarnation.

Les esprits. — Ceci détermine les existences, donc les ampoules, dans un ordre croissant, simple, évolutif et semble-t-il, rectiligne. Pourtant dans l'éternité, les expériences ne sont plus situables sous cet ordre-là, puisque perçues dans le seul présent. Il n'est pas hasardeux de dire que l'esprit vit son expérience dans une éternité que seul votre cerveau découpe en plages somme toute répétitives. N'oubliez pas que la matière et ses éléments sont un théâtre évolutif qui a plus de quatorze milliards d'existences, un lieu mémoriel qui retient, à jamais, les périples de vos âmes.

Jean-Luc. — Pour être honnête avec vous je ne comprends rien du tout à ce que je lis, moi.

Les esprits. — Ne crois pas cela, nous ne sommes pas là, à vous submerger d'avis et d'à-propos incohérents ou au-dessus de vos possibilités. Selon le principe des potentialités, sachez que ces choses existent autant en vous, qu'ici, avec nous.

Si vous deviez vous situer, où sommes-nous et où êtes-vous ? Quelle ampoule allumez-vous ?

Marc Menant. — La logique, c'est que chacun, peut allumer son ampoule donc avoir sa vérité, mais chaque vérité est confondue dans l'ensemble des vérités.

Les esprits. — Quelle distance nous sépare ?

Laurie. — Je ne crois pas qu'il y a une distance puisque nous sommes dans un temps confondu, rien ne nous sépare !

Les esprits. — Les seules distances appréciables sont celles de vos choix intrinsèques que vous avez en vos réflexions. Nos choix ne créent plus l'effet de matière voilà tout. Entendez par matière le monde des formes compte tenu que la matière est un océan uniforme éternel. La matérialité a chez vous une résonance imparfaite. Matière ou spiritualité nous parlons en absolu de la même chose. Encore une fois, il est important de bien comprendre ces choses qui auront alors dans vos vies une répercussion, un acte de dégagement, de relativité et de soulagement même. Puisque le bonheur ne s'attend pas, il est aussi et, malgré vous, une question de choix.
Faites donc les bons ! »

Face

Étonnant et néanmoins sans intérêt, voire frustrant, ce dialogue pseudo philosophique pour les assidus des « séances publiques » qui, dans quelques grandes villes, souvent le dimanche après-midi, dans des salles dévolues à l'habitude à des conférences « traditionnelles » réunissent selon les lieux, de 50 à 200 personnes autour d'un médium, prix d'entrée entre 5 à 10 euros. Avant de gagner sa place, chacun dépose sur une table placée sur l'estrade, une photo, soit du défunt avec lequel il souhaite une communication, soit sa propre image, clichés que le médium saisira un à un, au hasard, une fois « en lien avec l'au-delà », lien établi à respirations profondes dans le silence général sans qu'il y ait d'ailleurs systématiquement une perte de conscience avérée comme celle de Joël. La plupart du temps l'émissaire des trépassés pérore sur scène avec l'aplomb du tribun.

Retenons quelques échanges :

« Le médium à la cantonnade :

— C'est un homme rondelet qui se présente à moi, il est en camping dans une caravane assez bizarre.

— C'est mon mari, bredouille une femme en levant la main, il avait fabriqué tout seul sa caravane.

— Il est parti, y a 3 ans.

— Oui.

— Il adorait le camping. Vous partiez tous les ans au même endroit, il y retrouvait des amis.

— Oui.

— J'entends Guy, ça vous dit quelque chose ?

— Non.

— Avec un G vous voyez rien ?

— Non ! Je voudrais savoir s'il a vu Jacky, demande la femme, visiblement en grandes palabres.

Le voyant hésite, doigts frénétiques à palper la photo.

— Oui, ils jouent encore ensemble. Il me dit que les temps passés en caravane sont les meilleurs souvenirs de sa vie. Vous aviez un chien ?

— Oui.

— Un caniche ?

— Non.

— Un chien à poils.

— Oui.

— Il est avec lui !

— Vous avez une question à me poser ?
— A-t-il vu notre nièce ?
— Non ! Elle s'appelait bien Jeannie.
— Oui.
— Il me confirme qu'il ne l'a pas vue. Il pense bien à vous… Il se trouve dans un plan astral parallèle, et très heureux et vous demande de reprendre goût à la vie… Ah, je suis coupé ! »

Face

Toujours à peu près de cette teneur, les dialogues. Vous ajoute un autre cas pour que vous puissiez juger.

« Le médium dressé devant la table mains en voltes de moineaux au-dessus des photos, finit par en saisir une, d'une voix tonitruante, il lance :
— C'est une femme, cheveux roux frisés, comme une crinière, précise-t-elle. Pour ça qu'on me surnomme la lionne !
— C'est ma tante lance d'une voix tremblante, une dame au premier rang.
— Elle était dans les affaires ?
— Non.
— Ça m'étonne, je la vois dans un bureau.
— Elle travaillait dans une banque.
— Bien les affaires ! Elle avait des responsabilités, était très élégante, je vois des fleurs partout autour d'elle.
— Elle adorait les roses, bafouille la nièce en pleurs.
— J'étouffe, j'ai du mal à respirer. Elle fumait beaucoup.
— Oui.
— Elle a eu un cancer des poumons ?
— Oui.

— Elle jouait aux cartes ?
— Je sais pas.
— Je la vois jouer avec une petite dame qui porte des lunettes et un monsieur rubicond qui a un fort accent
— Oh, ce sont ses parents !
— Ils pensent à vous. Ils ont aussi retrouvé des amis. Votre tante dit qu'ils sont tous ensemble dans un même plan de lumière. Que la mort n'est qu'un changement d'état, que vous les reverrez.
— Je voudrais savoir si…
— Désolé, elle s'est retirée. »

Face

En pâmoison religieuse l'assemblée à l'écoute, même ceux dont les défunts restent muets. Indiscutable le lien avec l'au-delà, plus une question de croyance, authentifiée par les descriptions très précises du médium qui pourtant ignore tout d'eux. Embobinés par l'enthousiasme les fidèles ne remarquent pas les incohérences dans les propos des entités, par exemple, se déclarent purs esprits dans un plan de lumière mais se trouvent entre amis et membres de la famille à partager des instants bien terrestres comme la partie de cartes, chacun avec le physique des derniers temps de son existence ! Absurde, et pourtant indéniables ces éléments ! Là que, finaud, vous sort une expérience menée dans les années 1990 à la faculté de Montréal par des étudiants à l'initiative de leur professeur Louis Bellanger. Précisons, qu'aucun d'entre eux auparavant n'avait participé à des séances spirites. Le postulat de l'aventure, entrer en contact avec une entité fictive ! Toutefois, pour structurer leur démarche, ils inventèrent, à partir d'une catastrophe aérienne dûment répertoriée, un fantôme, ingénieur de 35 ans qu'ils décrétèrent, être des victimes et le domicilièrent dans une maison vide de locataire à la date du drame.

Le pedigree établi, se réunirent dans une pièce et par tirage au sort, déterminèrent celui qui officierait comme médium. Pendant près de deux mois les séances se conclurent par un bon somme de l'élu sur son siège ! Ah, il en fallut de l'enthousiasme au professeur pour prolonger l'arrimage de ses gaillards autour de la table une fois par semaine, et, alors que l'abdication menaçait, hop, le faux voyant, infiltré par la chimère d'esprit, étala dans une rage d'écriture, des confidences très intimes sur les uns et les autres, y compris celle concernant de chers disparus !

Pile

IL EST TEMPS de faire un aparté concernant la question de l'athéisme qui, nous allons le voir, n'est pas étrangère au sujet du spiritisme. Chacun est libre de croire ou de ne pas croire en un dieu unique et d'investir l'Écriture et d'autres textes sacrés. L'imposture intellectuelle que je veux dénoncer ici, ne repose pas sur la croyance mais sur la notion d'athéisme. Être humain c'est être plus qu'une simple identité physique ou psychologique. « Dieu » ou « transcendance » ne sont que des mots pour dire la même chose, des mots qui indiquent le dépassement. En traitant de thèmes aussi différents que l'*écriture automatique*, les *perceptions extrasensorielles* et la *télépathie*… j'ai évoqué précédemment divers aspects de cette transcendance. Elle peut se manifester sous la forme d'une présence qui, tout extérieure, nous est cependant plus intime que notre intériorité. Elle peut se manifester aussi sous la forme d'une démultiplication de la personnalité d'un même individu, faisant apparaître de nouvelles identités avec leur propre vie psychique, distincte de celle que l'on croyait unique et « personnelle ». Elle peut aussi se manifester par le lien subtil, insondable et invisible qui nous unit et dont la transmission de pensée est un avatar. Dans le champ de la psychiatrie, je dis que l'athéisme, sous le masque de la laïcité, est une aberration intellectuelle ! Évacuer toute réflexion concernant Dieu, la foi, la mort, l'au-delà, le salut, la rédemption etc., cela revient à se boucher les oreilles : c'est bien le comble pour une discipline qui a pour vocation d'entendre !

Revenons au spiritisme, il m'intéresse à de multiples titres. Comment pourrait-il en être autrement puisqu'il se déploie dans tous les champs de la pensée : la philosophie, la théologie, la physique, la psychologie, la littérature et l'art ? Il touche à la question fondamentale, celle de la transcendance ! Qu'est-ce qui nous survit ? Y a-t-il un au-delà ? Comment entrer en dialogue avec ce qui nous dépasse ? Le spiritisme a le mérite de poser ces questions.

De nombreux auteurs ont tenté des rapprochements entre le spiritisme et des traditions anciennes appartenant à l'Antiquité gréco-romaine ou égyptienne ou au celtisme ou aux peuples premiers ou encore à la culture asiatique. Ces auteurs voient dans les pratiques ancestrales de la divination ou des rituels sacrés les vestiges d'un spiritisme ancien. À l'inverse, j'opte, sur ce point précis, pour l'avis de René Guénon qui écrit en 1923 dans *L'Erreur spirite* que *la réincarnation n'a absolument rien de commun avec des conceptions anciennes comme celles de la « métempsychose » et de la « transmigration »*. Pour Guénon, ce ne sont pas les phénomènes en eux-mêmes qui sont nouveaux, c'est l'interprétation que les spirites donnent de ces phénomènes. Il dénonce l'erreur qui consiste à vouloir rattacher le spiritisme au culte des morts, tel qu'il existe dans toutes les religions et dans diverses doctrines traditionnelles qui n'ont aucun caractère religieux. C'est une erreur parce que *ce culte n'implique nullement une communication effective avec les morts* et il précise :

> « Tout au plus, pourrait-on parler peut-être, dans certains cas, d'une sorte de communication idéale, mais jamais de cette communication par des moyens matériels dont l'affirmation constitue le postulat fondamental du spiritisme [1]. »

Les similitudes qui peuvent apparaître entre les pratiques actuelles des spirites et certaines pratiques ancestrales, ne sont qu'apparence, car, dit Guénon, ces dernières relèvent de la magie.

> « Il y a effectivement, en Chine, des gens qui font usage d'instruments assez analogues aux "tables tournantes" ; mais ce sont là des pratiques divinatoires qui sont du domaine de la magie et qui sont tout à fait étrangères aux rites confucianiste. D'ailleurs, ceux qui font de la magie une profession sont profondément méprisés, là aussi bien que dans l'Inde, et l'emploi de ces procédés est regardé comme blâmable, en dehors de certains cas déterminés dont nous n'avons pas à nous occuper ici, et qui n'ont qu'une similitude tout extérieure avec les cas ordinaires ; l'essentiel, en effet, n'est pas le phénomène provoqué, mais le but pour lequel on le provoque, et aussi la façon dont il est produit [2]. »

Dans l'Antiquité gréco-romaine des techniques divinatoires procédaient aussi de moyens comparables aux tables tournantes. Il pouvait s'agir de vases ou de cribles qu'on faisait tourner. Et si les « âmes des morts » étaient parfois évoquées au cours de ces pratiques, elles ne peuvent être

1. GUÉNON René, *L'Erreur spirite*, Éditions Marcel Rivière, Paris, 1923.
2. *Ibid.*

assimilées avec les « esprits » dont parlent les spirites. Voulant bien définir la modernité du spiritisme, Guénon sépare nettement d'un côté les pratiques magico-religieuses que constituaient les oracles grecs, les rituels des chamans, la médecine traditionnelle du marabout, et de l'autre côté le spiritisme.

> « Ainsi, la première distinction qu'il y a lieu de faire est entre la magie et le "culte des ancêtres", et c'est même plus qu'une distinction, puisque c'est, en fait aussi bien qu'en droit, une séparation absolue ; mais il y a encore autre chose : c'est que la magie n'est point le spiritisme, qu'elle en diffère théoriquement du tout au tout, et pratiquement dans une très large mesure. D'abord, nous devons faire remarquer que le magicien est tout le contraire d'un médium ; il joue dans la production des phénomènes un rôle essentiellement actif, tandis que le médium est, par définition, un instrument purement passif ; le magicien aurait, sous ce rapport, plus d'analogie avec le magnétiseur, et le médium avec le "sujet" de celui-ci ; mais il faut ajouter que le magicien n'opère pas nécessairement au moyen d'un "sujet", que cela est même fort rare, et que le domaine où s'exerce son action est autrement étendu et complexe que celui où opère le magnétiseur. En second lieu, la magie n'implique point que les forces qu'elle met en jeu soient des "esprits" ou quelque chose d'analogue, et, là même où elle présente des phénomènes comparables à ceux du spiritisme, elle en fournit une tout autre explication ; on peut fort bien, par exemple, employer un procédé de divination quelconque sans admettre que les "âmes des morts" soient pour quoi que ce soit dans les réponses obtenues [3]. »

---

3. *Ibid.*

Les écrivains impliqués ou intéressés par le spiritisme ont été nombreux. Marc a cité les plus prolixes dans ce domaine. J'ajoute Théophile Gautier. La même année que la publication de son roman *Spirite*, Gautier reçoit de la part d'un médium un poème de six quatrains qui lui aurait été dicté par Alfred de Musset le 2 décembre 1865. Très impressionné, il en fait plusieurs copies. Il faut dire que depuis la parution de son roman, Gautier avait déjà reçu de nombreux témoignages et courriers étranges de la part d'adeptes des tables tournantes et d'esprits frappeurs. Mais ce poème-là... produit son effet ! Ses vers ont même été commentés dans *Le Monde illustré* du 16 décembre 1865, le rédacteur était sceptique quant à leur origine dans l'au-delà : « M. T. Gautier a reçu d'une dame une pièce de vers signée Alfred de Musset [...] Il est bien entendu, puisqu'il s'agit de spiritisme, que la dame prétend avoir été l'intermédiaire, le médium obéissant, dont la main a tracé les vers sous la dictée d'Alfred de Musset, mort depuis bien des années déjà. »

Voici ce poème :

« Me voici revenu. Pourtant j'avais, Madame,
Juré sur mes grands dieux de ne jamais rimer.
C'est un triste métier que de faire imprimer
Les œuvres d'un auteur réduit à l'état d'âme.

J'avais fui loin de vous, mais un Esprit charmant
Risque, en parlant de nous, d'exciter le sourire.
Je pense qu'il en sait bien plus qu'il n'en veut dire,
Et qu'il a, quelque part, trouvé son revenant.

Un revenant ! Vraiment cela paraît étrange ;
Moi-même j'en ai ri quand j'étais ici-bas ;

Mais lorsque j'affirmais que je n'y croyais pas,
J'aurais, comme un sauveur, accueilli mon bon ange.

Que je l'aurais aimé, lorsque, le front jauni,
Appuyé sur ma main, la nuit, dans la fenêtre,
Mon esprit, en pleurant, sondait le grand peut-être,
En parcourant au loin les champs de l'infini !

Amis, qu'espérez-vous d'un siècle sans croyance ?
Quand vous aurez pressé votre fruit le plus beau,
L'homme trébuchera toujours sur un tombeau
Si, pour le soutenir, il n'a plus l'espérance.

Mais ces vers, dira-t-on, ils ne sont pas de lui.
Que m'importe, après tout, le blâme du vulgaire !
Lorsque j'étais vivant, il ne m'occupait guère ;
À plus forte raison en rirais-je aujourd'hui. »

Le lien très fort qui unit le spiritisme à la littérature et à la poésie est sans doute déterminé par la condition langagière qui fonde notre humanité. J'ai introduit la question du langage en abordant le thème des perceptions extrasensorielles, je poursuivrai le sujet lorsque nous aborderons l'oracle et la pythie. Le rapport que nous entretenons avec le monde qui nous entoure est un rapport langagier : nous pensons avec des mots. Nos souvenirs, nos émotions et nos perceptions ne peuvent nous parvenir sans le support de la pensée c'est-à-dire le support du langage. Voir c'est toujours voir quelque chose de nommable. Le mot « innommable » ne signifie pas qu'il n'y a pas de mot pour le dire, puisque lui-même « dit » cette situation. Mais qu'en est-il de l'au-delà ? Quel lien peut nous unir avec les esprits d'un autre monde, avec les entités qui appartiennent à une autre réalité hors des contraintes physiques, spatiales et temporelles ?

Le spiritisme repose tout entier sur cette certitude : là-bas aussi ça parle ! Les esprits parlent par notre intermédiaire. Nous écrivons sous leur dictée. Ils se montrent par des incursions fantomatiques que nous tentons de déchiffrer avec notre raison, ils se font entendre par des bruits que nous traduisons en parole. Dans tous les cas, nous tentons de traduire ce que nous pensons être leur message. C'est bien aussi l'essence de la littérature : dire cette autre réalité qui échappe à nos habitudes sensorielles, à notre bon sens, à nos convictions. L'écrivain utilise les mots pour aller plus loin que ce qu'ils permettent habituellement de dire. En ce sens, la poésie est toujours spirite, elle fait apparaître nos fantômes au cœur même du langage. Pas étonnant qu'au XIXe siècle, en pleine période de romantisme littéraire, nombre d'écrivains se sont intéressés aux pratiques spirites. Le romantisme refuse de réduire le monde aux choses habituelles, aux choses communes, il exalte le mystère et le fantastique. Le poète romantique allemand, Novalis, décrivait le ressort du romantisme en ces termes :

> « Le monde doit être romantisé. C'est ainsi que l'on retrouvera le sens originel. [...] Lorsque je donne à l'ordinaire un sens élevé, au commun un aspect mystérieux, au connu la dignité de l'inconnu, au fini l'apparence de l'infini, alors je les romantise [4]. »

La vérité n'est pas dans le vraisemblable ! Elle est à chercher ailleurs. Le spiritisme a donné un support à cette recherche.

---

4. NOVALIS, *Le Monde doit être romantisé*, Éditions Allia, Paris, 2008, p. 46.

Revenons au *Spirite* de Théophile Gautier. Il s'agit d'un roman, et au-delà de sa qualité littéraire, il vaut témoignage d'une ambiance en particulier de cette communication entre ici-bas et là-bas, entre les vivants et les esprits. L'histoire résumée : un matin, Guy de Malivert sent sa main entraînée, malgré lui, dans l'écriture d'un billet de rupture avec Mme d'Ymbercourt, jeune veuve qu'il fréquentait depuis peu sans avoir pour elle un sentiment profond. Après ce premier épisode d'écriture automatique un disciple de Swedenborg, le baron de Féroë, lui donne cet avertissement « les esprits ont l'œil sur vous » et lui conseille de rester libre pour l'amour qui va venir le visiter.

Dès lors les signes vont se multiplier. Par exemple, Malivert voit apparaître dans un miroir vénitien les traits d'une jeune fille qu'il baptise Spirite. Elle réapparaît sous la forme d'une main diaphane qui esquisse le geste d'écrire. C'est en devenant, par ce fait, médium, qu'il transmet cette étonnante confession de l'apparition : Spirite est l'âme d'une jeune femme qui, pendant sa vie terrestre, a follement aimé Guy de Malivert. Morte au couvent, à dix-huit ans, elle attend désormais son jugement.

Le baron de Féroë lui ayant indiqué la tombe de la jeune fille, Malivert va s'y recueillir. Là, il croit voir s'éloigner une forme svelte et blanche. Dès ce moment, son existence se scinde en deux parties distinctes, l'une réelle, l'autre fantastique. Lorsqu'il voyage en Grèce, Spirite est à ses côtés. C'est au cours d'une excursion près d'Athènes qu'il est tué d'une balle par des brigands qui attaquent le convoi. Selon le témoignage du guide, une figure d'une éclatante blancheur et d'une merveilleuse beauté est descendue du ciel pour prendre l'âme du mort et s'envoler avec elle. Au même moment, à Paris, le baron de Féroë a senti un avertissement mystérieux ; et, levant la tête, il a pu voir s'élever dans le ciel deux points brillants qui finirent par se confondre dans une perle unique.

Le texte que Malivert transcrit, sous la dictée de cette jeune âme défunte « attendant encore son jugement », nous donne une clef pour comprendre le lien langagier qui opère dans les pratiques spirites :

> « Dans le milieu où je suis, on a l'intuition de tout, et les divers langages qu'a parlés le genre humain avant et après la dispersion de Babel nous sont également familiers. Les mots ne sont que l'ombre de l'idée, et nous avons l'idée même à l'état essentiel[5]. »

Parce que les mots sont l'ombre de l'idée, l'homme ne peut avoir accès aux vérités essentielles. Il reste à l'ombre, derrière le mur du langage ne pouvant apercevoir ce qui se cache derrière. J'avais expliqué pourquoi ma pratique de psychiatre, pratique aidée par ma formation philosophique, me pousse à penser « la folie » comme un mode d'accès à cet autre côté du mur, une fissure dans ce mur du langage. À cette tentative de traversée, j'ai ajouté la foi et l'art. Il me semble que le spiritisme unit tous ces domaines et participe aussi de cette entreprise de traversée du mur ou, selon une image plus propice, de traversée du miroir. L'écrivain et le poète sont les intermédiaires idéaux entre la réalité d'ici-bas et cet autre monde dont nous ne sommes peut-être séparés que par

5. GAUTIER Théophile, *Spirite*, Éditions A.G. Nizet, Paris, 1970, p. 110.

nos sens. Le langage seul nous unit à lui, à condition d'accueillir les mots, de savoir les laisser venir, de savoir les entendre, de les accepter comme on accepterait des voix venues de l'Au-Delà. Il faut être poète ou fou… ou spirite pour cela.

Comme dans la folie, l'expérience peut être difficile, angoissante, terrifiante voir dangereuse. C'est pour cela que le message de l'Esprit, transcrit par Malivert, met en garde contre les dangers suscités par ces présences de l'au-delà :

> « Ce monde invisible, dont le réel est le voile, a ses pièges et ses abîmes, mais vous n'y tomberez pas. Des esprits de mensonges et de perversité le parcourent ; il y a des anges noirs comme il y a des anges blancs, des puissances rebelles et des puissances soumises, des forces bienfaisantes et des forces nuisibles. Le bas de l'échelle mystique, dont le sommet plonge dans l'éternelle lumière, est assiégée par les ténèbres [6]. »

Ces mots « pièges » et « abîmes » désignent quelque chose comme « les forces du mal ». On comprend ainsi une des raisons qui avait entraîné un vif rejet et une opposition officielle de la part de part de l'Église catholique à l'égard des doctrines et pratiques spirites. Dans un décret du 24 avril 1917 le Vatican interdit d'assister aux manifestations spirites « même avec l'affirmation, tacite ou exprimée, de ne vouloir aucun commerce avec les Esprits malins ». Aujourd'hui, la position est moins hostile mais reste méfiante à l'égard des contacts avec les défunts. Ces

6 *Ibid.*, p. 109.

contacts sont admis à condition qu'ils s'inspirent de la Foi. L'Église admet les expériences de dialogue avec les défunts parce qu'elles appartiennent à l'ordre de la Foi. La foi, en tant que grâce, c'est-à-dire, don de Dieu, est une vertu surnaturelle. Dans cet ordre uniquement, le dialogue avec l'au-delà trouve un sens.

Face

DE LA LIGNÉE des chamans, sorciers, druides, les médiums à la grande différence qu'ils ne suivent aucune initiation. Profanes les médiums, en accessibilité directe de « l'au-delà », existe aussi une autre catégorie, beaucoup plus répandue qu'on ne l'imagine, condamnée à la discrétion sous peine d'être affublée au mieux, gentil illuminé, au pire, dérangé complet à aliéner, ceux-là, ne revendiquent pas la conversation bonhomme avec les esprits, sautent le panthéon et ses gloires, carrément le divin leur lien et l'écoute de la Parole ! Authentiques prophètes eux ! Une bonne dizaine m'a contacté à l'époque de mon émission portés par la nécessité d'éclairer le monde. Rengorgez vos rires ! Ravalez vos railleries ! Moi, l'iconoclaste, les estime pas plus dérangés que les élus révérés : Josué, Saül, David, Ézéchiel et autres, et même sans rechercher à blesser les plus fervents à la foi, que les Grands Éclaireurs, Boudha, Moïse, Mahomet, Jésus ! Boudha aurait annoncé sa naissance dans un rêve à sa future mère. Moïse est interpellé par le buisson ardent. Mahomet lui, est submergé dans la caverne de la montagne Héra par le Message qu'il impute d'abord à l'esprit malin avant que son épouse Khadija et le cousin de celle-ci imprégné du christianisme, Waraqa Ibn Nawfal le persuadent que c'est bien le Tout-Puisssant son

Interlocuteur. Quant à Jésus, différent son cas, n'entend pas des voix, auto-proclamation sa Filiation Céleste, ne communique avec le Père que lors d'un séjour au désert ! À la va-vite l'évocation, qu'un prétexte pour suggérer que rien ne distingue les grandes figures de la spiritualité religieuse de la myriade d'êtres qui, de tout temps, lors d'un rêve ou d'une expérience solitaire reçoivent avec la Révélation, l'ordre de divulguer la Sainte Parole ! Pas à souhaiter l'Illumination, vaut d'abord l'opprobre, l'exclusion, voire à certaines époques la damnation définitive avec exécution aux supplices, seuls quelques affiliés à une religion finissent parfois par obtenir reconnaissance grâce aux prodiges surnaturels qu'ils se surprennent à produire, sont alors auréolés mystiques, adulés à la ferveur superstitieuse, citons Thérèse d'Avila, François d'Assises, Hildegarde Bingsen, Jean de la Croix, Catherine Labouré, Roumi, Ma Ananda Mayi, Sœur Aimée de Malestroit, Padre Pio… La liste se devrait d'inclure certains chamans au sens large du terme (marabout, sorcier) qu'ils soient de Sibérie, Irian, Jaya, Amazonie, d'Afrique ou de l'Amérique, car chaque civilisation possède ses mystiques, tous vivent la même expérience du rejet du corps, renient cette matière qui détourne l'âme, la corrompt à l'attrait des désirs, tous, par la privation, le jeûne, les flagellations taquinent la transcendance, cherchent à se dissoudre dans l'Absolu, c'est-à-dire pour les tenants des religions monothéistes, s'identifier au Tout-Puissant, alors qu'un Hindou comme Ramakrishna tente, lui, de se fondre dans la Mère Divine, la déesse Kali et ainsi accéder à la Kundalani « l'énergie cosmique » concentrée à la base de la colonne vertébrale. Pour un théiste comme Maître Eckhart, dominicain du XIIIe-XIVe siècle, « Dieu est au-delà de Dieu », et se débusque en soi, au tréfonds de l'âme qui est « l'étincelle », « le château fort ». En Inde, quantité de religieux itinérants se proclamaient « Aham Brahman » ce qui signifie « incarnation de la Réalité et de la Lumière »...

Pour tous, bien la nature de l'homme, l'immanence divine, l'approchent par des extases à ravir les... libertins ! La preuve ces quelques lignes du *Livre des demeures* ou *Le Château intérieur* de Thérèse d'Avila, la Sainte y évoque son union à Dieu :

> « Il n'y a point moyen de résister à l'extase ; et l'âme bien souvent est élevée de terre par Dieu comme par un aigle sans savoir où il l'emporte, sans aucune préparation ni coopération de sa part ; elle est alors saisie d'une sorte de terreur mêlée cependant d'une grande suavité... »

Noces de la chair et de l'esprit, la pâmoison avec le Dieu d'amour, cette chair pourtant si « répugnante » aux mystiques ! Obnubilation cette excrétion, ce reniement de soi, le fondement même de leur vie en total dénuement et en humilité maladive, vie vouée aux souffrances et sacrifices avec, pour ceux qui en réfèrent à Dieu, l'espoir de rédimer l'humanité ! Quelle prétention la noble intention, les caparaçonne à l'intransigeance et les mûrit fanatique prosélyte !

Pas du tout aparté abusif, le commentaire, nécessaire pour aborder les faits en lucidité, préservé de dinguer à l'ébahissement hagiographique. Embobinement l'énumération directe d'anecdotes fabuleuses sans tenter au préalable d'élucider les causes de la Révélation à l'origine des prodiges, car les destins de ces personnages emblématiques sont sertis à la légende par des plumes dévotes.

Toutefois, deux au moins, bien que dorés à l'encensement aveugle, ont, pour avoir vécu au XXe siècle, été à la fois, soumis à une enquête de l'autorité religieuse, agacée, gênée par les phénomènes qui leur étaient attribués et placés sous l'observation de médecins indépendants ! Par ailleurs, leurs échanges épistolaires très abondants, en particulier avec leur confesseur, permettent de savoir ce qui les animait, tant leur horreur du mensonge garantit leur sincérité.

Leurs noms : Yvonne Beauvais et Francesco Forgione vénérés sous le nom de Mère Yvonne-Aimée de Malestroit et de Padre Pio, elle, supérieure générale des Augustins Hospitaliers de la Miséricorde de Jésus dont le couvent se situe à Malestroit en Bretagne ; lui, moine capucin au monastère de San Giovanni Rotondo, au sud de l'Italie. Que d'analogies dans ces deux vies qui, bien que contemporaines, se sont ignorées. Au Padre Pio, l'antériorité, naît le 27 mai 1887 à Pietrelcina tandis qu'Yvonne s'ouvre au monde le 16 juillet 1901 à Cassé près du Mans, existence longue pour lui, il meurt le 23 septembre 1968 alors qu'elle disparaît le 3 février 1951 à 49 ans seulement. Premier trait commun, l'invraisemblable précocité de leur résolution à se consacrer à Dieu : quatre ans et demi ! Aussitôt on pense à d'autres enfants prodiges comme Leibniz qui lisait le latin seul à 6 ans sans que personne ne le lui ait appris ; Carl Gauss, le mathématicien qui savait compter avant de parler ; William Hamilton autre mathématicien qui, à 5 ans, lisait le latin, le grec, l'hébreu et Homère dans le texte sans avoir bénéficié du moindre enseignement ; Mozart qui composait à 4 ans et demi ; Haydn à 6, quant à Haendel et Chopin, ils jouaient du piano à 3 ans !

Invraisemblable, les dons en aucun cas explicables par un spécialiste de la cognition ou un neurobiologiste qui justifient les capacités intellectuelles de tout à chacun par l'organisation en réseau des neurones grâce à l'apprentissage ! Ô combien tentante a priori l'assimilation de la petite Yvonne et de Francesco aux génies, surdoués de la foi, eux ! Fourvoiement l'identification, Gauss, Mozart et autres, sont dans l'expression spontanée, mieux dans la création fulgurante, novateurs, libres donc, émancipés de la simple reproduction d'un savoir, alors que Yvonne et Francisco sont littéralement – pardonnez-moi ce constat – endoctrinés à la dévotion, Yvonne, par sa grand-mère maternelle, Francesco par sa maman, jugez-vous mêmes :

Yvonne, seconde fille d'un « monsieur bien », Alfred, héritier d'une lignée de notaires propriétaire de 90 hectares de fermes en métayage et d'arpents qu'il faisait fructifier par ses employés. Rayonne à la respectabilité, à Cassé, Monsieur Beauvais. Devant sa grande carcasse, c'est chapeaux bas, pas avec affectation mais affection, bien aimé de tous, bourgeois et populace, brave homme, distribue volontiers aux loqueteux, le surplus de gibier qu'il dégomme toute l'année dans des affûts quotidiens. Chouchou de la chance, Alfred, collée à ses basques, bien prompte à lui fignoler les bonheurs, l'a particulièrement gâté aux sentiments avec la rencontre de Lucie Brûlé, sa cadette de 8 ans, elle aussi adoptée par l'étoile, la preuve, qu'une concurrence au flamboiement de sa beauté, son propre esprit qui lui a valu le brevet supérieur avec mention, seul diplôme accessible aux jeunes filles de l'époque ! Quel couple ! Vite accompli avec deux mignonnettes, Suzanne et Yvonne, que les commérages pétillaient aux superlatifs. Rattrapage des emmerdes, l'évocation de la famille Beauvais, sauve de la pourriture, requinque les enthousiasmes, montre que la chance n'est pas un leurre, qu'elle est là, toute proche et, qu'à tout moment, peut vous sauter dessus, la chance, d'ailleurs on la reluque, tente de s'en faire repérer en rodaillant autour de l'imposante bâtisse parfaitement entretenue par un jardinier et un homme « à toutes mains », comme ça que les plus pauvres se retrouvent avec quelques sous s'ils ont la chance de croiser monsieur Alfred. La chance ! Une drôlesse celle-là, imprévisible, volage, se carapate d'un coup, et la fortune apparemment inépuisable de monsieur Beauvais, s'effondre par refus de spéculation, ce qui précipite une autre ruine, celle de sa santé, et Lucie se retrouve veuve à 29 ans. Pour assurer son avenir, entre comme enseignante dans une école libre ce qui l'oblige à inscrire ses petites comme demi-pensionnaires dans une institution, madame Brûlé, la grand-mère étant chargée de s'occuper d'Yvonne après les cours. Exemplaire au chaperonnage de sa petite fille, madame Brûlé, aussitôt chez elle, entraîne Yvonne dans la « chambre aux rideaux rouges » pour les devoirs, en récompense, lui lit des passages de *L'Histoire d'une âme* de Sainte-Thérèse de l'Enfant Jésus. Après le dîner, retour à la chambre pour la « grande prière », toutes les deux à genoux, dos cambrés bien droit pour être dignes du Seigneur. À haute voix l'examen de conscience de la boudechounette conclu par l'évocation « Saints et Saintes de nos familles priez pour nous ». La purification de l'âme se doublait de celle du corps, c'est-à-dire, emmitouflée dans la chemise de nuit, plantée droit devant l'évier dans la cuisine, Yvonne se fourgonnait la goule et les mains avec un gant de toilette sans oublier une fois la semaine l'incursion sous l'étoffe pour un très furtif passage sur les parties honteuses. L'impeccable hygiène se terminait par la parure des cheveux retricotée en nattes, alors Yvonne courrotait à son lit où sa grand-mère la dorlotait avec l'histoire du Saint du lendemain.

> « Ah, je l'aimais ce moment, racontait-elle plus tard au Père Paul Labutte son frère en spiritualité, j'écoutais l'histoire avec une grande attention et j'avais au cœur le désir de devenir une sainte moi aussi, seulement je ne savais trop comment m'y prendre. Je me disais que n'étant pas riche (je savais que nous ne l'étions plus depuis la mort de papa) je ne pourrais sacrifier mes biens à Dieu ni donner aux pauvres et que, pas jolie, je n'aurais pas à lui donner de la beauté et que j'étais encore bien trop petite pour aller vivre au désert. »

Dès quatre ans et demi cette résolution de devenir une sainte ! À la récréation, fuit la marmaille en virevoltes beuglardes, se cache dans les recoins de la cour pour dialoguer avec son Petit Jésus ou avec sa Sainte Mère pour laquelle durant le mois de Marie, Madame Brûlé transformait la « chambre aux rideaux rouges » en sanctuaire, image de la Vierge auréolée de bougies, de fleurs, glorifiée aux invocations, et Yvonne, en adulation de pureté la suppliait « de la garder blanche comme un lys ».

La Vierge ! Le petit Francesco, lui aussi, dès ses premières années en fit sa confidente. Sa mère, Mamma Peppa en servitudes du matin au soir pour sa nichée de cinq rejetons n'avait d'autre nourrice à qui le confier, lui, son deuxième à la miteuse santé quand elle rejoignait le courageux Grazio, son mari, qui s'usait à extorquer à leur lopin, une misère de récolte. Avant de partir, elle embrassait son souffreteux et pour le rassurer, lui bourrichait qu'il ne restait pas seul, que *la Madone de la Libera*, la Patronne du village, le gardait. Bien réelle, la céleste présence dans son petit crâne, au retour, Mamma Peppa le retrouvait en grande conversation avec sa protectrice. Bénédiction ces tête-à-tête dès ses quatre ans, le requinquaient après les nuits de terreur, rêves infectés cauchemars par harcèlements du Démon. Terrifiantes les apparitions de la Créature, le dressaient en époumonades qui sabotaient le déjà trop court sommeil de son pauvre père, et Grazio aurait sans doute placé son braillard à l'asile, si Mamma Peppa, fermentée dévote par la tradition, ne l'avait persuadé que le Seigneur avait jeté son dévolu sur leur Francesco pour expier les pêchés des hommes.

Évidence, l'Élection divine, attestée par l'incroyable conduite du petit. Quel modèle, dès le saut du lit, zoup, sur les genoux, main frénétique au signe de croix, puis dans la journée cavale en urgence plusieurs fois à l'église rendre visite à la Madone ou à Jésus, par ailleurs, refuse de jouer avec les autres gamins qu'il accuse de jurons et de blasphèmes, lui, si un mauvais mot infecte son bec aussitôt, s'inflige une pénitence ! Exaltante, réjouissante, la punition, l'identifie à l'image de son Seigneur. Bien la même obsession doloriste qui, au même âge, cinq ans, gouverne Yvonne. La petiote enrage de ne pas atteindre la félicité des élus et des anges en se souillant parfois à la gourmandise par le boulottage de quelques choux à la crème. Odieux le péché, le réprime à la mâchouille de fruits pourris et véreux, insignifiant châtiment, indigne de son « Aimé » qu'elle interpelle à chaque fois qu'elle passe devant l'église « Petit Jésus, sors de ton tabernacle et viens dans mon cœur. Il faut que mon cœur souffre comme le tien », elle traque les opportunités de martyriser sa chair, ainsi, sujette aux engelures les laisse s'enflammer jusqu'à ce qu'elles forment des abcès.

Pareille identification au Christ, conduit à vouloir se confondre avec lui. Francesco et Yvonne, entrés dans les Ordres, connaîtront ce ravissement en héritant des stigmates, lui à 31 ans, elle à 22 ans et demi.

> « Il me semble qu'on m'enfonce des clous, confiera sœur Yvonne à une de ses coreligionnaires de couvent, Mlle Boizenou, sans doute les mêmes douleurs que Jésus a endurées avec sa couronne d'épines. Le sang coule de mon front à grosses gouttes, mon cœur bat violemment. Je souffre terriblement à l'endroit où j'ai une lésion au poumon gauche. »

Pas définitives les plaies « miraculeuses » attestées par les sœurs Boizenou et Villemont puis, plus tard, par le Père Paul Labutte et le professeur Miraillé neurologue à l'hôpital de Nantes, la torturaient par période avec réactivation assurée tous les vendredis saints. Le Padre, lui, les porta toute sa vie, les dissimulait sous des mitaines sur lesquelles le professeur Bignani de Rome, appelé à les ausculter, déposa pour éviter toute supercherie, un sceau de cire. Autre suspicieux de la Faculté à les étudier, le docteur Festa, agnostique autoproclamé, voici son rapport après observation : « Lésions anatomiques de forme circulaires, à bords nets qui ont un diamètre de deux centimètres recouverts d'une escarre brun rouge… De temps en temps cette escarre se détache d'abord, sur le pourtour, puis peu à peu, vers le centre où elle tombe, la lésion apparaît alors dans tous ses détails, sanglante, brun rouge… » D'après les documents, indéniables ces charismes, pourtant, dans les deux cas, invisibles sur les dépouilles, celle du Padre Pio apparemment imputrescible, a été exposée à la vue de tous, sous un catafalque en verre durant toute l'année 2009. Certes, le Padre sanctifié par Jean-Paul II semble dormir comme un bienheureux mais comment empêcher l'immersion du doute quand on sait son visage recouvert d'un masque de cire ! Quelle indécence mon incrédulité, n'affleure pas les fidèles qui tout au long de l'année submergent par milliers San Giovanni Rotondo. À côté de la basilique, érigée en hommage au Padre, se maintient la rustique église où, gamin, il se cachait comme un chenapan pour prier sa Madone et son Jésus. Autre point sacré, le monastère avec sa cellule conservée en l'état, effets personnels à l'attendre y compris, l'appareillement médical indispensable pour le soutenir à la fin de sa vie.

Intéressé le détour par ce fin fond de l'Italie sous brûlot solaire, malades, biens portants, chacun, tout foireux, geigneux, baveux de repentir, vient déverser ici son baluchon de misères. Contagieuse la sournoise contrition, touche même un rétif de mon acabit, il est vrai que tout est fait pour activer cette tendance naturelle pour le merveilleux en dormance dans nos tréfonds. Ainsi, à la sortie des lieux trônent, de grandes urnes avec des bulletins où chacun est invité à inscrire ses espoirs de miracles. Pas au lésinage les vœux, capable des plus fabuleux prodiges de son vivant le Padre, eux les prodiges qui lui ont décroché l'incommensurable ferveur. Guérisons, bilocation, odeurs de sainteté, prophéties d'un total éclectisme au registre du surnaturel Padre Pio, tout comme sœur Yvonne-Aimée de Malestroit qui, à la comparaison pêche juste à la prodigalité. Avant de laisser Serge nous éclairer sur ces dons communs à tous les mystiques, éberluons-nous naïvement à quelques faits rapportés dans leurs livres respectifs [1] par les biographes du Padre et de Sœur Yvonne, pour lui le Père Jean de Robert qui fut l'un de ses fils spirituels, pour elle, le Père Paul Labutte son « frère spirituel ».

1958. Un drame couve au couvent de la Casa Sollievo della Sofferenza, une sœur, corps en bouillotte taraudé de douleurs, se meurt. Padre Pio appelé à son chevet décrète qu'une opération peut la sauver, fait alors venir un grand ponte de la chirurgie qui, après auscultation estime impossible toute intervention. Le Padre, soudain investi d'un savoir médical détaille au professeur médusé, la procédure opératoire puis, saisit les mains de son interlocuteur et l'adjure d'intervenir. Déstabilisé par la pertinence de l'enchaînement à exécuter, le chirurgien jauge d'inspiration divine la parole du Padre, il fait donc transférer la sœur à l'hôpital pour tenter l'intervention bien qu'elle relève de la gageure. Miraculeuse l'opération,

> « réussie comme celle d'une banale et routinière ablation de l'appendice, "comme le déclara le professeur", mes mains ont été mystérieusement guidées, ce n'est pas mon opération mais celle du Padre Pio ».

---

1. DEROBERT Jean, *Padre Pio, Transparent de Dieu*, Éditions Hovine. LABUTTE Paul, *Yvonne-Aimée de Jésus*, Éditions François-Xavier de Guibert.

Autre histoire curieuse. Une femme en pleurs insiste pour obtenir une entrevue avec le Padre, elle vient de perdre un long procès au profit de tiers qui ont berné le tribunal par des manœuvres délictueuses. Le Padre la reçoit et lui conseille de prendre rendez-vous avec un avocat connu de Rome à son nom, la femme s'épouvante *mais c'est un communiste !* ce à quoi le Père pourtant furieux ennemi des rouges, rétorque pragmatique *lui seul pourra vous réhabiliter dans vos droits !* Pas du tout judicieux a priori l'allégation, le maître du barreau consulté par la spoliée déconfite comme si elle courbait devant Lucifer, affirme la cause perdue, toutefois, prend l'engagement de chercher l'hypothétique point de droit qui pourrait relancer l'affaire. Épuisant et vain, le tatillon épluchage du Code Pénal, décide de refermer définitif le dossier, mais, en pleine nuit, le Padre Pio lui apparaît, de son ton bourru l'houspille pour son manque de persévérance et lui ordonne de se référer à un article précis dans le Livre III. Entrefilet, l'article, en revanche bien imparable, la Cour d'Appel en reconnaît les droits de la plaignante dans des délais étrangement brefs qui auréolent d'autant l'issue, au miraculeux.

Enfin, toujours d'après le Père de Robert, c'est à Padre Pio que le Cardinal Roncalli adressa son premier télégramme après son élection comme Pape sous le nom de Jean XXIII. Lapidaire le texte « Vous aviez raison ! Jean ». Cela en hommage à la prophétie du capucin qui, quelques années auparavant lors d'une visite du Patriarche de Venise au monastère, lui avait glissé : *Vous serez Pape*. Le Cardinal dans un sourire avait répliqué *je suis trop libre d'esprit pour cette sainte fonction* et le Padre, têtu comme toujours, de répéter *vous serez Pape* !

Bien lotie aussi à l'invraisemblable, Sœur Yvonne, tellement inacceptable à la raison, l'une des anecdotes rapportée par le Père Labutte au téléphone en direct dans une émission que je vous retranscris sans vergogne l'enregistrement pour éviter que vous m'estampilliez dernier camelot de la calotte :

> « Le 16 février 1943 j'étais à Flers dans l'Orne quand je reçois dans l'après-midi, une dépêche de Sœur Saint-Vincent Ferrier ainsi libellé : « Yves, en clinique avec tante Germaine depuis midi. » C'était la formule qui avait été convenue pour m'annoncer éventuellement l'arrestation de Mère Yvonne-Aimée par les Allemands.
>
> Au reçu de la dépêche, je me précipitais à la gare avec ma vieille maman et prenais le premier train pour Paris.
>
> À 13 heures, gare Montparnasse, dans le métro, maman marche devant moi, je me sens observé, je me retourne et découvre Mère Yvonne-Aimée en habits civils, manteau, feutre grenat relevé sur le front, lunettes, elle semble terrorisée.
>
> — Vous ! lui dis-je à l'étouffée
>
> — Marche, marche, qu'elle m'ordonne à mi-voix. On avance vers le quai, la rame arrive nous montons à une porte, maman, monte elle par une autre. Yvonne-Aimée se plante à mes côtes, on est tassés. Y a du monde. Tout heureux, je lui glisse :
>
> — Vous êtes libérée ?
>
> — Non… Je suis en prison… On me torture, j'ai la tête coincée dans une sorte d'étau.
>
> Je comprends aussitôt qu'elle est en bilocation. Ça lui arrivait

parfois. Là, elle doit être à la fois avec moi dans le métro et en prison.

— Vous êtes à deux endroits ?

Elle se contente d'une affirmation par une inclination de la tête. Je la touchais pour m'assurer que je ne rêvais pas… Je ne rêvais pas !

À la station Denfert-Rochereau, Yvonne-Aimée s'éclipse d'un coup sans me dire au revoir. Toutefois, une fois sur le quai, elle me jette un regard de détresse et disparaît !

Avec maman, on descendit plus loin à Sèvres-Babylone. J'étais tellement bouleversé que je me réfugiai dans la chapelle de la Médaille Miraculeuse, rue du Bac et, tout l'après-midi, je m'épuisais au rosaire, bréviaire, chemin de croix.

Le soir, je demandais aux sœurs l'autorisation de monter à son bureau au premier étage. Une fois la porte fermée, j'égrenais à nouveau le chapelet, Notre Père, Je vous salue Marie… Brusquement, j'entends un bruit sourd, je me retourne et face à moi, Mère Yvonne, habillée comme dans le métro, tête nue, cheveux dans tous les sens. Soudain, elle tempête « lâchez-moi ! », gigote furieuse comme pour se libérer d'une entrave et enfin, se rue sur moi.

« Laissez-moi ! Laissez-moi ! » qu'elle m'abhorre sans me reconnaître, me prenant selon toute vraisemblance pour l'un de ses tortionnaires.

Je finis par la calmer, elle me dévisage et me murmure ahurie

— C'est toi Paulo ?

Le plus fort c'est qu'elle était là alors que j'avais fermé la porte, un mystère de plus ! Comme si elle devinait ma pensée, elle me dit

— Ah je comprends, c'est mon bon ange qui m'a enlevée de là-bas et m'a déposée ici. Il m'a veillée dans le coin de la prison au moment où l'on formait les groupes pour nous conduire en Allemagne.

— Avez-vous beaucoup souffert ?

— Oh oui !

Le Père Labutte rapporte qu'il appela alors les religieuses.

— Venez, elle est là !

Sœur Saint-Vincent Ferrier nous rejoint d'un bond. Elle n'en revient pas. Comme Sœur Yvonne-Aimée chancelle de fatigue, on redescend pour qu'elle se repose quelques moments. À notre retour, elle n'est plus dans le bureau, on la retrouve dans sa chambre, étendue sur le lit, visage extatique, vêtue d'un grand voile de tulle blanc, serré au front par un étroit cercle d'or.

Le lit, la chambre étaient parés de bouquets de fleurs ! Des tulipes, des lilas blancs en pleine Occupation ! Paris privée de tout !

On la laisse se reposer, j'allais me coucher épuisé par cette journée de miracle. »

Dans son livre, le Père greffera à sa narration deux témoignages qui se recoupent de Sœur Saint-Vincent Ferrier et de Sœur Hélène-Geoffroy ce qui, à moins de postuler une imposture concertée, oblige à l'interrogation sur les faits même réduits à des hallucinations.

Lors de cette guerre, Sœur Yvonne-Aimée multipliera les actes d'héroïsme, abritant entre autres des parachutistes au couvent et les déguisant en bonnes sœurs lors d'une fouille de la Gestapo. Elle avait eu cette vision notée par écrit le 22 octobre 1922. Un autre songe exige de figurer ici. Celui qu'elle fit le 25 mars 1929, lui aussi consigné dans un carnet.

« J'ai eu cette nuit un songe curieux – cette fois, je me demande si je ne suis pas à moitié folle.
Je me suis vue devant la clinique avec beaucoup de religieuses autour de moi – cela semblait être un jour de fête, il faisait beau – j'avais sur la poitrine épinglées 4 ou 5 médailles dont la Légion d'honneur.
J'étais au milieu des religieuses et semblais être leur Mère. Un grand officier vint vers moi me saluer – une autre religieuse portait aussi une médaille –. Et une voix, toute jeune, disait derrière moi : « Écoute bien, Yvonne-Aimée, car plus tard tu te souviendras de cela et ce sera ta force. Écoute :
— Les généraux, les grands hommes ont leur heure de gloire et de malheur. Un d'eux a mérité et démérité, mais Dieu se souviendra de ses bonnes et à cause de cela pardonnera, mais il aura à expier.
Or, le 22 juillet 1945, à Vannes, le général de Gaulle s'avance vers la responsable du couvent de Malestroit priée le matin de venir participer à une cérémonie de distinction.
— Je suis très heureux, ma Mère, de vous saluer. Je suis au courant de votre magnifique conduite. Je vous remercie au nom de la France – puis à haute voix, il enchaîne – Révérende Mère Yvonne-Aimée de Jésus, au nom de la France et des pouvoirs qui me sont conférés, je vous fais Chevalier de la Légion d'honneur ! »

Après ces faits, apparemment, incontestables, grand temps d'évoquer avec Serge les dons surnaturels des mystiques !

Pile

LES MANIFESTATIONS surnaturelles des mystiques sont des manifestations de la Foi. Seule la mystique chrétienne est concernée par ces phénomènes corporels étranges ou effrayants. Cette spécificité est due au mystère qui fonde la foi chrétienne : le mystère de l'incarnation. Dieu s'est fait homme, il est venu jusqu'ici dans l'humus du corps, il s'est « humilié » dans cette incarnation. Le célèbre chant de Noël, tradition depuis le XIXe siècle, dit « Il est né le divin enfant », une étable et un peu de paille est son logement : « Pour un Dieu quel abaissement ! » Je veux le dire sans gène et sans mépris pour toute forme de foi ni envers les incrédules : il est là, le génie du christianisme, et là, son éternelle modernité. Lorsqu'un homme est seul, lorsqu'il est à terre, lorsqu'il souffre dans son corps comme dans son esprit, lorsque la science ne peut plus apaiser sa douleur… il est alors, au plus près de Dieu. Je comprends très bien les incompréhensions, les critiques, celles de Marc aussi, à l'égard de ces thèses doloristes. Mais il ne s'agit pas de rechercher la douleur, il s'agit de trouver Dieu, même là ! L'homme n'est pas moins homme lorsqu'il souffre, ou lorsqu'il n'en n'a plus l'apparence. Être homme c'est être en Dieu et Dieu en l'homme. Cette rencontre est incarnée. Je pense que tout symptôme, physique ou psychique, de maladies aiguës ou chroniques, bénignes ou sévères, peut être reconnu comme stigmate du mystère de l'incarnation. Même un non-croyant fait l'épreuve de la transcendance, il l'a fait par l'examen de sa raison et l'épreuve de sa finitude face à l'espace infini qui nous engloutit. Je me souviens des mots prononcés avec force par François Mitterrand lors de ses derniers vœux adressés aux Français en 1994 : « Je crois aux forces de l'esprit et je ne vous quitterai pas. » Dans un entretien avec un journaliste, il précisera : « Je crois à la puissance de l'esprit. Sans elle, que serait l'homme ? [...] Après la mort, l'esprit demeure le sel de la terre. » Je crois, aussi, aux forces de l'esprit. Peu importe si un Dieu les rassemble toutes, peu importe les doctrines religieuses ou philosophiques qui nous font penser la transcendance... la foi est ailleurs. La foi n'est jamais du côté de la raison, elle est par essence déraisonnable. Elle est un acte et le cheminement mystique est la mise en acte, il est mû par la foi en Dieu. N'est pas mystique qui veut ! Avec Marc, notre visite dans le sud de l'Italie pour nous rendre à San Giovanni Rotondo, petit village des Pouilles où était exposé le corps imputrescible de Saint Padre Pio, m'a permis de mesurer la puissance du mystère de la foi. En plus de l'émotion suscitée par la ferveur des croyants autour de la châsse où reposait le Padre Pio, j'étais entraîné dans un tourbillon de questions sans réponses. Bien sûr, ce n'est pas rare dans mon domaine de réflexion, la psychiatrie, de rester sans réponse. C'est même souvent une nécessité ! Pourquoi une nécessité ? Je considère mon métier comme un privilège parce qu'il nous offre un questionnement quotidien sur tout ce qui touche au surnaturel. Quelles réponses donne la psychiatrie à ces questions ? Elle tombe trop souvent dans ce piège qui consiste à donner des réponses scientifiques à des questions spirituelles : ce n'est pas du même ordre ! Et cette différence d'ordre impose la modestie. On ne peut pas (on ne devrait pas) lire les Évangiles ni les vies des Saints ni les textes écrits ou dictés par les mystiques comme on lit des procès-verbaux de la gendarmerie nationale ou des comptes rendus administratifs. Ils ne se réfèrent pas à la véracité des faits mais à la vérité divine. Ils parlent de « foi » et non de psychologie ! Lorsqu'il est question de « connaissance de soi », il ne s'agit surtout pas d'une quelconque connaissance psychologique de sa personnalité, de son intériorité. C'est tout autre. Prenons l'exemple d'une grande mystique franciscaine du XIIIe siècle, Angèle de Foligno. Elle est connue par le livre qu'elle nous a laissé, livre qu'elle n'a pas écrit elle-même mais qui constitue la dictée d'une expérience spirituelle et corporelle d'union avec le Christ : *Le Livre des visions et des instructions*. Véritable témoignage des visions et des instructions qui ont guidé son cheminement mystique, le livre d'Angèle se présente comme le récit des étapes de l'union extatique en Dieu. Elle a dicté au frère Arnaud, son confesseur, les trente pas qui l'ont mené à la connaissance de soi et de Dieu. « La vérité n'est pas en moi [1] » dit-elle. On ne peut l'atteindre par la raison.

> « Cette connaissance profonde, l'âme ne peut l'avoir ni par elle-même, ni par l'Écriture, ni par la science, ni par aucune créature : ces choses extérieures peuvent disposer l'âme à la connaissance, mais la lumière divine et la grâce de Dieu peuvent seules l'y introduire [2]. »

---

1. (de) FOLIGNO Angèle, *Le Livre des visions et des instructions*, trad. Ernest Hello, Seuil/Points, p. 152. Voir aussi la traduction plus littérale de Jean-François Godet, *Le Livre d'Angèle de Foligno,* Éditions Jérôme Million, Grenoble, 1995.
2. *Ibid*.

Cette connaissance est le fait d'une expérience ineffable. D'abord, elle perçoit la présence de Dieu « en toute chose », dans toutes les réalités créées, dans le bien comme dans le mal, dans le beau comme dans le laid [3]. Angèle décrit des « dilatations de l'âme ». Dieu « élargit l'âme et lui donne des dons et des douceurs que celle-ci n'a jamais expérimentés [4] ». Au-dedans de son âme, Angèle décrit « une chambre dans laquelle ne pénètrent ni joie, ni tristesse, ni jouissance d'aucune vertu, ni jouissance d'aucune chose qu'on puisse nommer [5] ». Ce lieu est *hors psychologie, hors langage*. C'est en ce lieu que Dieu se manifeste à elle lorsqu'elle ne s'y attend pas. L'expérience mystique est une expérience hors langage, une tentative d'échappement de la réalité langagière qui nous emprisonne. Angèle évoque cette prison, mais dit-elle, il faut demeurer dans sa cellule intérieure. L'expérience mystique est la seule échappée, la seule possibilité de s'extraire du réel pour accéder à Dieu.

Angèle va connaître les douleurs de la Passion, son corps portera les plaies du Christ. Ces douleurs sont le témoignage de son amour pour le Christ. Le corps devient le parchemin de cet acte de foi, il porte le sceau de son amour pour Dieu.

L'observation scientifique des stigmates ne donne d'autres informations que le constat clinique de la localisation, la périodicité, les aspects dermatologiques, l'évolution des plaies.

---

3. *Ibid.*, p. 171.
4. *Ibid.*, p. 172.
5. *Ibid.*, p. 174.

Elle reste démunie devant les stigmates invisibles qui sont de violentes douleurs ressenties aux mains, aux pieds, au côté, sans lésion objectivable. Elle est dubitative devant les stigmates figuratifs qui sont des plaies dont le contour reproduit des figures distinctes comme une croix, une fleur, un cœur ou une inscription sous forme de lettres tracées (dermographisme). Certains stigmates sont permanents, d'autres sont périodiques (par exemple chaque vendredi saint). D'autres critères cliniques ont été repérés : les quantités de sang émises par les plaies sont supérieures à celles d'une blessure naturelle, les plaies ne s'infectent jamais, la réparation des chairs est anormalement rapide et – c'est le cas du Padre Pio – les plaies s'effacent après la mort, le corps ne porte alors plus aucune trace des stigmates. Toutes ces manifestations physiques défient les lois de la physiologie.

Dans le champ de la psychiatrie, il existe aussi des physiologies étranges qui défient la logique médicale. Comment pourrais-je ne pas parler de l'hystérie ? Reconnue depuis la plus lointaine Antiquité, déjà décrite aux temps des pharaons comme le rapportent des papyrus égyptiens datés de 1500 ans avant J.-C., déjà désignée par les Grecs « maladie de la matrice » (le mot grec *hustera* signifie « utérus ») elle était attribuée à une position défectueuse de l'utérus. À cette époque les organes étaient représentés comme des petits animaux. Cela n'a rien de stupide et les avancées de la science disent aujourd'hui la même chose mais avec des mots différents. Il ne s'agit pas de considérer les organes corporels comme des petits chats ou des petits lapins, nous ne sommes pas dans une représentation de dessins animés. Ce que savaient déjà les Anciens, c'est que chaque organe est animé d'une vie propre. Nous savons aujourd'hui que notre corps est soumis à des systèmes de contrôle (neurologiques, immunologiques, volumétriques, etc.) qui sont à la fois généraux – mettant en jeu la totalité de l'organisme – et spécifiques à chaque organe comme si un principe vital leur était propre. Ce simple fait est déjà intéressant pour comprendre certains phénomènes médicaux que nous connaissons tous. N'oublions pas que le symptôme, qu'il soit de nature psychologique ou de nature somatique, est une forme de langage. Le corps se manifeste, il parle par l'intermédiaire du symptôme. Avant de traiter le symptôme c'est-à-dire de le supprimer en raison de la douleur ou des autres difficultés qu'il engendre, il est toujours préférable d'entendre ce qu'il dit. Cette démarche est tellement évidente et simple que la médecine actuelle, dite moderne, oublie le plus souvent de la préconiser. Vérifiez dans les ouvrages spécialisés destinés aux étudiants en médecine, vous n'y trouverez pas cette évidence. Vous ne trouverez que la méthode la plus rapide et considérée comme la plus efficace pour faire disparaître la symptomatologie. Je dis qu'avant de traiter, ou au moment même du soulagement thérapeutique, il faut entendre ce que nous dit l'organe. Il parle dans sa langue qu'il nous faut déchiffrer à la manière des hiéroglyphes. Cette analogie était faite par Freud pour signifier la réalité langagière du symptôme.

Chaque organe peut parler au nom du corps tout entier ou en son nom propre. Il ne parle pas forcément de malaises physiques ou de problèmes psychologiques. Le plus souvent il ne parle même pas de lui ! Il parle de l'autre, des autres, de ceux qu'il porte dans ses gènes et qui se rappellent à lui. Nous transportons nos ancêtres dans chacune de nos cellules, nous les tenons en nous, dans notre chair. Ils sont là, présents, terriblement présents, peut-être même plus présents que nous. Leur présence est une forme de savoir. Je ne pense pas que le support de ce savoir consiste dans l'ADN chromosomique. Certes, le chromosome porte une information génétique, mais cette information ne constitue pas le savoir de nos ancêtres. Je pense qu'une des fonctions du chromosome est de servir de récepteur à ce savoir. Les chromosomes constitueraient ainsi de microscopiques antennes qui nous relieraient en permanence avec cette mémoire transgénérationnelle. J'émets cette hypothèse parce que je veux surtout signifier le caractère non physique de cette mémoire. La meilleure analogie pour approcher la « consistance » de ce savoir est celle de la pensée. Quel est ce mystère de la pensée ? Elle n'est ni physique ni biologique. Chacun entend, quelque part en lui ou quelque part hors de lui, cette voix intime appelée la pensée, mais personne ne peut lui donner une tonalité – ni masculine, ni féminine – ni une localisation. Je ne crois pas qu'elle trouve sa source dans le cerveau. Là encore, il s'agit d'un malentendu ! J'ai déjà souligné ce point de vue. La neurologie comme la psychiatrie ou la psychologie confondent la pensée et les fonctions cognitives. La pensée n'est plus considérée comme le propre de l'homme, elle est de la même nature que ces fonctions cérébrales qui permettent la connaissance, fonctions dites cognitives qui sont présentes chez tous les animaux selon divers degrés de complexité. Je dis qu'il faut distinguer les deux, je dis que la pensée n'est pas du même ordre que l'ensemble des activités cérébrales. Nous avons vu précédemment comment la conception antique donnait à la pensée un siège extra-cérébral. Socrate fait remarquer que les

Anciens – déjà à son époque la conception était abandonnée – attribuaient le siège de la pensée à la zone centrale du corps – le diaphragme – qui sépare la partie haute « céleste » de la partie basse « terrestre ». Il propose même une étymologie en reliant la racine *phr* du mot *diaphragma* à celle du mot *phrenein* qui signifie « penser ». Ce n'est que plus tard, lorsque les médecins anatomistes donneront les noms aux différents organes du corps humain, qu'ils appelleront « nerf phrénique », ce grand nerf dont le trajet s'étend de la base du crâne au diaphragme, nerf qui joue un rôle majeur dans la respiration du fait de la contraction du muscle diaphragmatique. Cette désignation correspondait à la conception ancienne d'un nerf qui amène la pensée à la tête.

Revenons à l'hystérie, « maladie de la matrice », elle nous apprend beaucoup sur ces considérations corporelles qui dépassent le cadre restreint de la raison scientifique. Elle nous apprend que le corps exprime beaucoup plus que ne le permettraient la simple biologie et la simple anatomie. Freud a découvert l'inconscient en étudiant l'hystérie. Il a découvert la « conversion hystérique » qui consiste en l'expression corporelle d'un conflit psychique inconscient. Cette expression peut prendre les aspects les plus mystérieux, les plus incompréhensibles pour la science. Une des grandes caractéristiques de la conversion hystérique tient au fait qu'il n'existe aucun support organique, c'est-à-dire qu'aucune cause physique ne peut expliquer ses symptômes. Parmi ces symptômes, les patientes ou parfois les patients hystériques – la forme masculine est plus rare et diffère sur le plan de la symptomatologie – peuvent présenter une aphonie (perte de la voix), une amaurose (perte de la vision), des paralysies aiguës ou durables des membres supérieurs ou inférieurs, des anesthésies de certaines parties du corps, des zones hyper-algiques parfois décrites comme des pointes enfoncées dans la chair (les clous hystériques), des crises convulsives, etc.

Le fait que l'on ne puisse rattacher aucune cause organique à des symptômes aussi impressionnants que ceux de la conversion hystérique a toujours été tenu comme un mystère pour la science. Elle cherche mais elle ne trouve pas. Elle utilise tous les moyens à sa disposition, biologie, imagerie (scanner, IRM, etc.), appareils de mesure (électroencéphalographie, mesure de la vitesse de l'influx nerveux, etc.). Tous les résultats de ces examens paracliniques sont négatifs : la stricte normalité ! Pourtant le symptôme est bien présent. N'y comprenant rien, les psychiatres et leurs prédécesseurs, les aliénistes, ont longtemps considérés l'hystérie comme étant « la grande simulatrice ». En fait, elle ne simule pas. Elle dit. Reste à l'entendre…

Face

« Y a encore un gars qui s'est bousillé dans la Cordillère des Andes. Si ça t'intéresse, ils cherchent des macchabées en Amérique du Sud. » Qu'une taquinerie l'apostrophe du copain dans l'atmosphère débraillée à la bousculade de coupes de champagne d'un soir de meeting en province. Elle, comme toujours vive aux réparties de pitre, cloque tac au tac : « Je vais d'abord tenter le massif des Maures. » Dans l'esclaffade générale, elle songe « ça aurait de la gueule d'être la première à franchir la Cordillère avant les mecs ». Pétille à la gouaille la fille de bonne famille, sans cesse en fête avec ses potes comme s'ils bouffaient leurs derniers instants, se fout des ragots, émancipée définitive de la dégradante soumission qui étouffe les femmes dans ces années d'après la Grande Guerre. Aurait pu être actrice avec son physique et son caractère libertaire. En soi, déjà audacieux le rayonnement artiste, alpaguées, cocottes, gourgandines, par l'opinion les théâtreuses mais, malgré le trac, trop chiche aux frissons le jaillissement sur les planches, bibine le trac, elle, ce qu'elle cherche, c'est la grande trouille, le truc de dingue qui saccade jusqu'à la moelle, pour ça, qu'il y a treize mois elle avait suivi au Crotoy la formation d'aviateur. Treize mois, que mademoiselle Adrienne Bolland, vingt-cinq ans, figure sur les affiches des meetings de voltige partout en France à côté des as survivants de l'apocalypse. Elle, l'attraction, de ces cirques des airs, où la foule agglutinée se tournicote la tête aux tourbillons de mouche pour ne rien perdre des pirouettes des héros, gymnastique du cou qui, souvent se termine nez aux pâquerettes à fouiner la carlingue en vrac à la traque de l'hypothétique rescapé. L'a connue plusieurs fois, Adrienne, la familiarité des fleurs, l'ont même sauvée quand, en imitation de Blériot au-dessus de la Manche, l'hélice se bloqua nette en croix à l'amorce des côtes anglaises. N'est encore qu'une novice, en ce matin du 1er avril 1921, avec, au total, seulement quarante heures de fièvres rivée au manche à balai, c'est-à-dire moins de la moitié de ceux qui ont fini macchabées sur les neiges éternelles ! « Renoncez » qu'on lui bassine depuis son arrivée à Buenos-Aires et ces dernières quarante-huit heures à Mendoza d'où elle va s'élancer du terrain de Los

Tamarillos. Infranchissable la Cordillère, culmine à plus de 7 000 m ! Suicides les tentatives ! Dans cinq, dix ans peut-être avec les avions du futur. Peuple de croque-mort, les Argentins. Ah, comme les a remballés, « Foutez-moi la paix ! » qu'elle soufflait au bec des vautours qui lui tournaient autour d'autant plus aboyeuse qu'elle sait qu'ils ont raison. Caudron, le fabricant, son patron, après lui avoir promis un appareil complètement nouveau, lui a télégraphié qu'elle se débrouille avec le vieux G3 ou qu'elle renonce. Trop orgueilleuse pour abdiquer Adrienne, serait pourtant pas dégonflade, comme elle dit, la renonciation mais décision avisée, époumone dès 3 500 m son coucou ! Alors, les 7 000 !... Toute la nuit à marronner tu *vas finir macchabée* avec ça dans le crâne, risque pas de dormir, yeux accrochés à la ronde des aiguilles sur le réveil, si bien qu'à 4 heures, hop, se lève, et comme la voix relance son sinistre credo *vas finir macchabée* pour l'entourlouper sans perturber l'hôtel bourdonne un refrain de Joséphine Baker tout en enfilant les sous-vêtements de laine, puis la combinaison d'aviateur, bourre sous le coton de vieux journaux et zip, boucle la fermeture-éclair enfin, ultime parade contre le froid, passe par dessus le tout, un pyjama à rayures. Comme ça, en spectre clownesque de somnambule qu'elle apparaît au fidèle Duperrier, le mécano, en train de fixer la magnéto reçue la veille, bouille bouchonnée comme le temps, Duperrier, pourries les conditions, Cordillère emballée sous le brouillard, du criminel son travail, devrait le cesser séance tenante pour à son tour lui claironner de renoncer. Stérile la recommandation elle le faisanderait aux injures ! Sous le diktat de ses tripes mademoiselle Bolland, conquérante ses tripes, donc condamné à la coupable complicité Duperrier, ose simplement mâchonner *que décidez-vous ?* comme prévu, lui claque *je pars !* L'imprévu c'est la cohue qui s'abat sur eux, une dizaine de journalistes accompagnés du patron de l'hôtel qui, tout pleurnichard, débarque avec un café *tenez, Mademoiselle, réchauffez-vous*, lui tend une tasse et yeux aux cataractes, balbutie : *J'ai fait pareil pour les cinq autres… je les ai jamais revus !*

Qu'il croupisse à la vie pépère l'aubergiste, l'emmerde, lui, et tous les cloportes de son acabit pour plus l'entendre Adrienne volte aux commandes du Caudron. Avec précaution l'action. Fragile l'appareil, que des bouts de bois arrimés à une aile en toile gigantesque à la courbure de celle d'une chauve-souris, le fuselage lui, ressemble à un derrick couché, l'habitacle ouvert le prolonge, plaquée dessous une seconde aile à l'envergure du tiers de l'autre, le tout posé sur un châssis en charpente équipé aux quatre coins de roues de bicyclette. Digne d'un assemblage d'allumettes géantes le Caudron, pourtant, bien à son manche qu'Adrienne ambitionne la Cordillère, à peine calée à sa place, tête au vent, tonne à Duperrier :

— Mettez en route !

Comme les autres, le mécano, en dégorgement de deuil, toutefois attrape l'hélice et d'un coup de rein embringue les pistons à la valse, dans le mouvement dégage sur le côté pour éviter le Caudron qui s'ébranle dans une rage de gaz. Libératoire le barouf, cingle l'enthousiasme comme un orchestre en bourrasque symphonique, des jours qu'elle n'avait plus connu cette embellie de l'âme, Adrienne, pourtant, pas jojo la météo, à peine décollée le vent l'agrippe au chahut, malgré tout, aubaine le zéphyr effiloche le brouillard ce qui laisse deviner les reliefs à l'horizon. À vue la navigation, un bien pour un mal donc, les débordements d'humeur d'Éole, reste que de temps à autre souffle si fort qu'il pichenette à la recule le Caudron. Quel gâchis le carburant pour regagner la distance perdue, gaz à fond, hélice en furie au brassage, la carlingue branle, tortille, gémit pire qu'un vieux gréement. Il bourre le zinc, zippe sans cesse à la trajectoire. Ah, se démène au manche Adrienne, amoindrit les ruades à touches subtiles d'organiste sur les manettes, pourtant gourds ses doigts par le froid bien qu'elle les ait entortillés de papier huilé. Régulièrement bascule la tête par-dessus bord pour s'assurer qu'elle suit bien la vallée, comme ça qu'après deux heures de tohu-bohu elle découvre qu'elle s'engouffre dans un goulet dont le fond, là-bas, butte sur des pics effilés comme des pieux, *des pointes partout, partout, partout, à finir macchabée, crochée comme la barbaque chez un boucher*, parfaitement visible la menace en splendeur sous le soleil, n'a plus qu'à s'employer pour amorcer la montée, vraiment grandiose le décor, par effet de miroir se reflète sur un lac couleur et forme d'huître. À la vue, amphithéâtre son crâne, *vous arriverez à un lac à la forme et couleur d'une huître...* Incroyable ! En filigrane de la voix se juxtapose la folle qui avant son coucher la veille a toqué à sa porte, l'a invitée à entrer pour croire que c'était la femme de chambre qui venait préparer le lit. *N'oubliez pas, la forme et la couleur d'une huître, vous aurez envie de tourner à droite, les montagnes y sont moins hautes, surtout ne tournez pas, ne tournez pas, prenez à gauche vers une montagne en forme de dossier de chaise renversée !* Trop ahurissante la coïncidence, Adrienne a lancé un regard circulaire, à droite la montagne offre un décroché comme un col alors qu'à gauche la paroi n'en finit pas, le constat lui extorque un ricanement hystérique, bien une cinglée comme elle l'avait cataloguée la jeune femme qui s'était présentée française d'origine, père breton, mère basque, avait voulu l'expulser derechef, mais comme elle l'avait suppliée de l'écouter prétextant que c'était un médium qui l'envoyait, Adrienne avait allumé une cigarette et lui avait concédé la parole, le temps de la griller…

Délices le rire, roboratif avant le grand bond, gargouille encore quelques éclats tout en jaugeant la Cordillère, déjà bien vertigineux le col à droite, va falloir ruser pour passer alors, la cime à gauche c'est la valdingue garantie… Le moteur soudain aux hoquets la recentre sur le pilotage, en asphyxie la mécanique, manque d'air, illico, baisse le régime qu'il respire puis doucement le repousse à la cadence, et hop, bascule le Caudron… à gauche vers la montagne à dossier de chaise renversée ! Quelle conne, obéit à la voix, grimpe vers l'inatteignable, néanmoins aucune terreur ne la submerge, s'entend juste admettre *qu'avec son ânerie elle va se casser la gueule*, mais ce qui la préoccupe, c'est le moulin en crise d'apoplexie, au diapason Adrienne, elle aussi s'épuise à pomper l'oxygène de plus en plus rare, crâne au plomb par l'altitude, pas elle la préoccupation mais les pistons en surchauffe, dans une puanteur de brûlé lui grêlent une poisse d'huile et d'essence qui la barbouille, de plus en plus rétif à l'ascension le Caudron, 3 700 m… 3 750 m… plafonne à 3 750 m… tangente le décrochage, elle le travaille le G3, sinistre les ratatouilles… 3 800 m… crache un bouquet de feu d'artifice, elle lui extorque les 3 850 m, loin du compte à 4 250 m le salut !… Automate Adrienne, presque aveugle par l'afflux de sang qui gonfle ses yeux et lui pisse au pif, crâne en implosion, ne maudit même pas la voix en litanie *à gauche la montagne en dossier de chaise renversée,* fondue dans les éléments Adrienne, fétu, monte, descend, propulse vers la roche, là un courant ascendant l'attrape, griserie de catapulte, elle dingue gobée par le ciel, Caudron en tumulte, râles d'agonie, vit tout ça stoïque Adrienne malgré sa tête en boursouflure de pleine lune, vient le calme, elle écarquille un œil vers le bas : les cours d'eau coulent à l'envers… les cours d'eau à l'envers… mais alors, alors elle a réussi, a passé la Cordillère par la chaise renversée prédite par la voyante inconnue !…

Enfin, enfin, moi l'énergumène entérine sans réticence un phénomène paranormal et pas n'importe lequel, celui qui fascine – façonne – la population : la prédiction ! Si jubilatoire à la lecture les inconditionnels du surnaturel que sans barguigner, me saute dessus au coin de la ligne, illuminés par l'anecdote attendent de suite mon éloge de ces arts divinatoires qui, chaque année en France engendrent 11 millions de consultations ! Pas si vite mes gaillards, jusqu'au bout en vigilance contre les précipitations aux conclusions, relisez l'histoire sans vous laisser berlurer par vos croyances, et vous vous apercevrez – nuance fondamentale – que la « voyante » ne dit pas à Adrienne Bolland *vous allez être la première à franchir la Cordillère*, elle lui décrit la topographie des lieux et lui intime l'option à adopter – rien ne prouve d'ailleurs que le col était vraiment infranchissable par le jeu des courants ascendants – il s'agit donc, en toute objectivité d'une vision à distance certes, aberrante et non recevable pour les neurosciences, vision d'autant plus inexplicable que la connaissance de la zone était très relative à l'époque, voilà qui nous confronte direct au principe de la voyance c'est-à-dire la capacité à lire le passé d'une personne, prédire l'avenir et dans le cas d'Adrienne Bolland, faculté présumée s'élargit à une perception à distance qui dans certains cas permet de retrouver un être, un animal, un objet disparu. Nombreux les témoignages sur des prodiges de ce type réalisés en particulier par des magnétiseurs, j'ai ainsi reconstitué avec les divers acteurs un accident qui aurait pu être fatal à un vétérinaire en Corse.

Parti seul pour une balade en pleine montagne sur des sentiers piégeux, son pied butte sur une pierre, il dégringole une vingtaine de mètres dans un précipice, les deux chevilles brisées. Sa femme inquiète de ne pas le voir revenir alerte la gendarmerie qui, au matin part en battue. À la fin de la journée, bredouilles les gendarmes, le lendemain mobilisent un hélicoptère pour une fouille en rase-mottes du maquis. Le blessé alerté par le tintouin du rotor, se tortille, beugle, bras aux moulinets, hélas, se confond avec le décor de là-haut, reste sur le flanc harcelé par les hordes voletantes et rampantes qui, elles, l'ont repéré : mouches, taons, abeilles, tout ça en crispante cacophonie tandis que les fourmis bien silencieuses lui ravagent le râble !

Une amie conseille à l'épouse de contacter à Aubenas, un radiesthésiste bien connu de la maréchaussée, Jean-Louis Crozier, qui, selon elle, aurait à plusieurs reprises, grâce à un pendule permis de résoudre l'énigme d'une disparition. Une heure plus tard, l'auxiliaire clandestin de la faune à képi, carte d'état-major déployée sur son bureau, voit la boule au bout de son fil entrée en frénésie tournoyante au-dessus d'un point précis. Sûr de son résultat, rappelle sa correspondante qui, elle, joint la patrouille. L'adjudant qui s'apprêtait à lever le dispositif ordonne à un de ses hommes de se rendre avec son chien jusqu'au lieu indiqué où il déniche le blessé ! Le gendarme qui me confirme toute l'histoire, ce qui balaye le doute sur son authenticité. Ai cherché à en savoir plus sur l'étonnant radiesthésiste. Résultat, en quarante ans, sur 1 197 cas traités à la demande des gendarmes Jean-Louis Crozier qui tient un registre minutieux de ces affaires, affiche une réussite de 402 personnes, mortes ou vivantes, retrouvées à 500 m près, auxquelles s'ajoutent 223 résolutions, au mètre près.

Dans ces situations, une nouvelle fois l'hypothèse télépathique peut être avancée, idem pour la lecture du passé ainsi que pour l'avenir en gestation comme par exemple, le pronostic d'une grossesse, d'un organe malade, ou l'annonce d'une nouvelle comme l'aboutissement d'une tractation, le verdict d'un procès, l'engagement pour un travail dont l'information n'est pas encore parvenue au bénéficiaire ce qui ne remet nullement en cause le temps linéaire tel que le postule la science.

En revanche, la précognition absolue, divulgation d'un événement à venir sans accroche dans le présent voire complètement improbable au moment où il est annoncé par le voyant, précognition qui suggère une prédestination à laquelle il est impossible d'échapper, ce fait est particulièrement rare, sauf, si portée par la croyance en une divination, la personne a l'intime conviction de sa réalisation et qu'inconsciemment – comme dans l'effet placebo – elle orchestre le résultat attendu.

La dépendance aux devins, concerne toutes les cultures à travers les âges, mais contrairement à aujourd'hui où les pythonisses, bien rondelets(ettes) abusent des petits plaisirs et enchaînent les consultations, pour les anciens ou dans les peuples premiers, on peut affirmer, Serge, que la voyance, appartient à l'ordre sacré et, en tant que tel, implique une stricte ascèse.

Pile

Beaucoup de choses ont été dites sur la pythie, mais en réalité nous avons peu de renseignements sur la façon dont elle était choisie et sur sa préparation à ses hautes fonctions de prêtresse du dieu Apollon à Delphes. L'histoire de la Grèce antique concerne une longue période de plus de mille ans pendant laquelle les caractéristiques concernant l'activité oraculaire ont changées. Le mot « oracle » dérive du latin *orare* qui signifie « parler, plaider ». L'oracle désigne le lieu où la divinité donnait ses réponses. Dans la Grèce antique le dieu Apollon était constamment consulté par l'intermédiaire de la pythie. Véritable instrument du dieu, la pythie ne fait que transmettre les oracles qu'il lui dicte. L'oracle le plus important de la Grèce était à Delphes, cité bâtie sur les pentes du mont Parnasse, le culte d'Apollon y est rendu depuis le VIIIe siècle avant J.-C., mais le lieu était plus anciennement sacré. Du temps de Plutarque – 49-125 de notre ère – la pythie était décrite comme une fille modeste, aux mœurs respectables voire irréprochables et ayant peu d'instruction. À certaines périodes plus anciennes les pythies étaient choisies sans discrimination et sans limite d'âge – leur âge dépassait la cinquantaine –, leur nomination était à vie. Les consultants étaient tellement nombreux qu'il était parfois nécessaire de désigner jusqu'à trois pythies à la fois. Plutarque regrettait qu'à son époque une seule Pythie soit nommée pour une seule consultation mensuelle sauf pendant les trois mois d'hiver que le dieu passait chez les Hyperboréens c'est-à-dire chez « ceux qui habitent au-delà du vent du Nord ». Le jour de la consultation devait avoir été déclaré propice par les prêtres. La pythie donnait sa prédiction dans un endroit situé à l'arrière du temple appelé *adyton*, lieu sacré dont elle avait seule l'accès, est interdit à toute autre personne, lieu au contact le plus immédiat avec le dieu. Des actes rituels précédaient la parole oraculaire. Par exemple, la pythie se baignait dans la fontaine de Castalie. Kastalia était le nom d'une jeune fille de Delphes qui, poursuivie par Apollon, se jeta dans une source du mont Parnasse près de Delphes. Cette source fut consacrée à Apollon et aux Muses. L'expression « boire les eaux de Castalie » signifiait pour les Romains avoir l'inspiration poétique car Apollon était le dieu de la poésie. Avant de consulter l'oracle ou du simple fait de se trouver à Delphes, il fallait se purifier dans les eaux de Castalie. La pythie passait donc aussi par cette fontaine et, dit-on, buvait à une source sacrée. Par un autre rituel, elle entrait en contact avec le dieu par son arbre sacré, le laurier. Soit elle tenait une branche de laurier à la main, soit elle respirait des fumigations de feuilles de lauriers brûlées, soit elle mâchait les feuilles de laurier. Elle s'asseyait sur le trépied. Certaines histoires rapportent des émanations pouvant s'échapper de failles terrestres, vapeurs venant de la Terre.

Le savoir dont les pythies semblaient être les détentrices ne correspondait pas à un ensemble de connaissances acquises par une pédagogie. En état de transe quelque chose de l'ordre d'un savoir passait par elles. Il ne s'agissait pas d'une activité intellectuelle de réflexion ni d'une élaboration psychologique mais d'une parole venue d'ailleurs. Pour être entendue, cette parole s'exprimait par la bouche de la pythie. L'état de transe n'était pas toujours le même, la pythie pouvait ne se souvenir de rien, parfois la transe ne se déroulait ni se terminait comme on pouvait l'attendre, elle se manifestait alors par un état d'oppression, des hurlements, une perte de connaissance et dans certains cas aboutissait à la mort de la pythie. L'état dans lequel la pythie disait l'oracle était un état d'enthousiasme, ce mot grec signifie « être plein du dieu ». La pythie était comme habitée par la présence divine, traversée par la parole du dieu, pleine de ce savoir qui dépasse la raison.

Les réponses de la pythie étaient très souvent sujettes à une interprétation. Les paroles prononcées dans l'état de transe nécessitaient une remise en ordre des mots afin de les rapporter à la demande du consultant. La pythie de Delphes pouvait rendre son oracle en vers de six pieds. C'est ainsi que la tradition lui attribue l'invention de l'hexamètre. Elle pouvait s'exprimer en rythme avec des mots juxtaposés de façon symétrique. Parfois, la versification était secondaire, réalisée par des poètes engagés à cette fin. Certains commentateurs ont mis en doute la versification spontanée de l'oracle. Je pense que ce phénomène est possible en particulier dans des états qui ne font pas appel à l'entendement. Pour plaider en cette faveur je prends l'exemple de certains patients qui associent sur le plan symptomatique un délire et une dissociation psychique pouvant se manifester par une accélération des processus psychiques (tachypsychie). C'est ainsi que l'un de mes patients dont le délire était centré sur le chiffre 6 avait la faculté de parler à une vitesse infernale sans jamais écorcher les mots mais en s'arrêtant brutalement et systématiquement sur les mots à six lettres en faisant suivre chacun de ces mots par la remarque « stop six lettres ». Exemple : « C'est depuis, stop six lettres, que j'ai eu un déclic, stop six lettres, le jour où les portes, stop six lettres, se sont fermées… » Autrement dit sans calculer, sans réfléchir il était capable de repérer spontanément les mots à six lettres. Dès lors pourquoi une versification en vers de six pieds ne serait pas spontanément possible ?

Bien sûr les interprétations que l'on donnait aux mots prononcés par la pythie pouvaient donner lieu à des manipulations et les Grecs n'ignoraient pas les possibilités de supercherie. Mais leur foi en l'existence d'une inspiration divine n'était pas ébréchée par certaines conduites malhonnêtes, en particulier des manipulations à visée politique de certains interprètes. En fait, il ne s'agit là que d'un aspect d'une difficulté plus générale concernant la validité de toute interprétation, quel que soit le domaine – interprétation scientifique, interprétation psychologique, interprétation politique, etc. –. Le même risque est aujourd'hui présent avec l'interprétation psychologique des faits. L'actualité en particulier judiciaire révèle encore – et peut être plus encore – au XXIe siècle les dangers de l'interprétation psychologique [6]. Les Grecs croyaient à leur oracle, non parce qu'ils étaient stupides mais parce qu'ils étaient sensibles à un type de savoir extérieur à notre connaissance, « un savoir qui ne se sait pas », un savoir transcendant. Je relie la capacité dont fait preuve la pythie à une autre capacité qui se manifeste dans la folie. Mon exercice de la psychiatrie auprès des patients délirants m'a mené à une conception de la folie radicalement opposée aux conceptions psychologiques ou biologiques qui considèrent la folie comme la manifestation d'une déficience psychique. Je dis que le délire est un mode d'accès à un savoir extérieur, la folie est le lieu même de ce savoir. Pour cette raison je relie le délire de la psychose à une certaine capacité divinatoire. Cette même relation était formulée par Socrate qui distinguait une folie organique causée par une maladie et une folie divine causée par une impulsion divine. « Le délire est une belle chose » dit Socrate dans le *Phèdre* [7] lorsqu'il est « l'effet d'une dispensation divine ». Cette folie divine peut relever de quatre origines : Apollon pour la folie prophétique, Dionysos pour l'inspiration initiatique, les Muses pour la folie poétique et Éros et Aphrodite pour la folie amoureuse.

---

6. L'exemple-type est celui du fiasco judiciaire connu sous le nom de l'affaire d'Outreau en 2007 où l'interprétation psychologique de dessins d'enfants et de personnalités d'adultes avait fait condamner de nombreux innocents .
7. PLATON, *Phèdre*, 244 c, Éditions La Pléiade, traduction L. Robin, p. 32.

Dans le *Timée*, Socrate explique que les dieux ont installé l'organe de la divination en l'homme, dans cette partie privée de la raison : « C'est bien à l'infirmité de la raison humaine que Dieu a fait don de la divination [8]. » La divination inspirée n'est possible, selon Socrate, que lorsque l'activité de jugement est entravée par le sommeil ou par la folie. La divination n'est pas le simple fait de prévoir l'avenir, mais réside principalement dans la capacité à accéder à ce qui échappe au plus grand nombre. La divination dont parle Socrate est la capacité à accéder au passé, au présent et à l'avenir.

Le délire exprimé dans la psychose témoigne d'un savoir différent de celui que nous appelons ordinairement connaissance, un savoir extérieur aux frontières de la science, un savoir qui ne peut être connu par le simple raisonnement, un savoir qui échappe à notre logique de pensée. Il échappe même aux règles du langage commun, donnant ainsi une impression d'hermétisme du sens… Mais, à qui sait entendre, le délire dit beaucoup, il pousse jusqu'à son maximum la capacité du dire, il traverse le dire, il brise le mur codé du langage et ouvre les portes d'un savoir total qui concerne l'*être* des choses, l'*être* humain, l'*être* divin. Réduire la folie à n'être qu'une maladie mentale est une grave erreur en même temps qu'une faute éthique ! La folie n'est pas l'expression d'une carence mais la manifestation d'une capacité supérieure, capacité à dépasser le mur de la connaissance rationnelle pour accéder à un savoir comparable à celui que pouvait transmettre la pythie. C'est bien sous

8. Platon, *Timée*, 71e, Édition La Pléiade, p. 497.

l'emprise de la folie, dit Socrate, que les pythies ont rendu de nombreux services aux Grecs, alors que dans leur bon sens, elles ne pouvaient rien faire. J'ai évoqué précédemment, en parlant de la transmission de pensée, la capacité de nombreux patients dits schizophrènes à saisir les rapports cachés qui relient des événements apparemment sans liens entre eux, à recevoir des informations concernant la vie intime de leur interlocuteur. Cette capacité est plus qu'une simple intuition, elle est un véritable don de *mantique* au sens grec du terme, une capacité comparable à la faculté d'user d'un « organe de la mantique » qui donnerait accès à une connaissance intouchable par nos sens lorsqu'ils sont gouvernés par notre raison. La folie est un mode d'accès, une clef, un passe pour atteindre cette réalité hors sens – *insensée* – qui nous dépasse. Comment évaluer objectivement cette capacité ? Comment prouver scientifiquement sa validité ? Une fois de plus la méthodologie scientifique trouve ses limites devant une telle entreprise. Les raisons de cette difficulté sont les mêmes que celles évoquées précédemment au sujet de l'influence de la prière sur la guérison. Il ne s'agit pas d'évaluer une activité de voyance ! Il s'agit de savoir entendre une parole. Avec mes stagiaires psychologues nous avions convenu d'un procédé qui nous permettait d'aiguiser notre attention : chaque matin lorsque nous nous rencontrions dans mon bureau, avant de nous rendre dans l'unité d'hospitalisation où avaient lieu les consultations et les entretiens avec les patients ou leurs familles, nous parlions de sujets divers concernant des lectures personnelles, des questions soulevées par la rédaction du mémoire qui valide la fin des études, des questions personnelles, etc., chacun était attentif à cette conversation impromptue et enrichissante. Il n'a pas fallu longtemps pour constater qu'une idée abordée lors de notre conversation matinale ou qu'un mot distinctif qui avait été prononcé par l'un d'entre nous – mot distinctif du fait de son emploi très spécifique ou de son caractère peu usité – apparaissait dans le discours du patient comme si un transfert d'idée s'était produit de nous à lui. La fréquence de ce constat est d'autant plus remarquable lorsque nous sommes en présence de patients délirants, comme s'ils étaient en possession de la capacité divinatoire, comme si l'inconscient était à ciel ouvert… Cet exemple révèle un aspect de l'activité divinatoire ou de l'intuition de certains médiums. Je dis que le ressort de la divination consiste moins dans le fait de deviner que dans celui de lire un texte. Quel texte ? Là non plus, il ne faut pas se laisser abuser par les mots : le texte dont il est question ne consiste pas en une succession de phrases. Il s'agit plutôt d'une matrice langagière, matrice à concevoir comme la matière dont nous sommes constitués et dont le cosmos est fait. Pour le matérialisme tout est atomes, des atomes à l'infini et des connexions infinies entre eux… Cette réalité matérielle ne concerne pas le monde de l'esprit ! Cependant, nous pouvons risquer l'analogie avec la matrice langagière qui supporte notre être, là où nous « sommes » vraiment, là où notre esprit navigue. Océan de langage ! Ce langage nous ne le voyons pas, mais c'est par lui que nous voyons. Et d'une certaine manière, c'est le langage qui nous voit. Il nous voit mais sans besoin des yeux. Il est en quelque sorte un regard sans yeux. Ce regard nous relie au monde et ce lien est un lien de lecture. Notre rapport au monde est d'abord un rapport de lecture. Le texte se donne à nous sans que nous en soyons conscients. Comment pourrions-nous avoir conscience de ce qui est en amont de la conscience ? La conscience commence avec elle-même c'est-à-dire avec l'expression d'un « je ». Le « je pense » n'est qu'une manifestation secondaire, un artefact, une fiction ! Au-dessus, dans un ordre supérieur à la conscience, il y a un langage à l'infini. Lorsque nous voyons ou lorsque nous touchons un objet, nous ne percevons pas l'infiniment petit dont sa matière est constituée. Nous ne pouvons appréhender la réalité atomique que comme croyance. Il en va de même pour la matrice langagière qui nous constitue, nous et le monde. Nous ne voyons pas le langage ! J'ai parlé précédemment des *hallucinations de mots* chez le patient schizophrène : là où nous voyons une table, il voit le mot « table » ; là où nous voyons un mur, il voit le mot « mur » et ce mot peut renvoyer à une infinité de sens différents du fait de sa sonorité : c'est un homme *mûr*, c'est une *mûre* noire prête à être dégustée, c'est un *mur-mûre*, etc. Là où nous ne voyons « normalement » qu'un mur, il voit beaucoup plus, il accède à un autre niveau de réalité. Et ce « plus » rend la vie difficile, angoissante. Il est évident que la réalité est dépendante du mode de lecture. Le délire n'est autre que l'effet d'une lecture différente de la réalité langagière. L'expérience de la folie donne accès de manière élargie au texte ! La capacité divinatoire est une capacité de lecture élargie qui donne accès à certains segments d'un texte, segments que ne peut saisir l'homme aveuglé par son bon sens. Pour cette raison, Socrate affirme que la pythie ne rend l'oracle que dans son état de folie et perd cette capacité lorsqu'elle revient à la raison.

Face

PROMESSE d'investigations ce livre, ai donc rameuté les relations pour me propulser cobaye devant des voyants agréés par une rumeur flatteuse. Flop l'expérience, aussi navrante que les deux tentées précédemment, l'une pour *Le Droit de savoir* sur TF1 l'autre pour mon émission dominicale sur Europe 1, en l'occurrence, me suis glissé dans six antres sous scintillement systématique de bougies. Trois hommes, trois femmes. Entre juillet et octobre 2009, la lecture de mon sort par les cartes. Particulièrement propice à l'interrogation sur l'avenir, la période me trouvait soudain pour la première fois en rade de radio et de télé après trente-cinq ans sans discontinuer dans les médias. Revigorantes les visites, à mon aveu direct de poisse, tous empressés à clamer péremptoire que la chance, bonne fille, veille sur moi, et alors que je rechignais à l'optimisme faisant remarquer que tous les programmes étaient bouclés, chacun d'insister, que l'avenir me bichonnait une jolie surprise inattendue ! N'avais vraiment pas à m'inquiéter, formels visions et tirages, dégagés du noir, pas mon lot le chômage, remarquable la réussite qui allait me propulser à la une, s'ajoutait à cela la revente prochaine avant l'hiver d'une bicoque près de Deauville achetée par un imbécile coup de cœur, enfin, tous me juraient la rencontre de l'âme sœur… Nirvana ma destinée ! Entre 50 et 100 euros le pommadage à l'enthousiasme ! Bilan ? Pas l'esquisse d'une réalisation ! Normal, ricanent les gogos de la pratique, le voyant patine au temps, perçoit les événements mais ne peut les situer avec exactitude dans un calendrier. Reste qu'aucun n'a perçu mon encalminage à l'étiage !

Conclusion bien à éviter, radical, l'éclairage à la quincaille de Madame Irma !

Épilogue

Face

LOIN d'être exhaustive notre étude sur les phénomènes ! À regrets que nous laissons en jachères des histoires dérangeantes, vous en crépite deux à la va-vite. Dans une maison d'hôtes en province, deux amies en partage d'un lit, sont infiltrées par un rêve identique : l'envahissement des lieux par une horde d'oies. Le lendemain, la maîtresse des lieux à qui elles comptent la mésaventure, leur confesse que la chambre est un ancien appentis restauré dans lequel la précédente propriétaire élevait un couple de ces volatiles !

Et puis ce témoignage d'une maman : un après-midi, mue par une pulsion, elle gagne la chambre de son fils de 14 ans en vacances aux sports d'hiver, s'allonge sur le lit, s'endort, dans son songe son enfant à skis embarde à pleine vitesse et se fracasse sur un sapin. Réveillée par l'abominable cauchemar elle entend le téléphone, se précipite convulsée par l'angoisse, décroche et l'enseignant responsable du groupe lui révèle le drame !

Bien odieux maniganceur, moi, jusqu'au point final, m'arrange à vous bassiner avec le fameux lien télépathique qui relie les êtres ! Légitime l'obsession ? À l'ami Serge de trancher.

Pile

TÉLÉPATHES, nous le sommes tous ! Quelque chose nous unit – qui ne peut se réduire à un système de communication – dont on ne connaît pas la nature, mais dont on trouve une résonnance dans les traditions les plus anciennes comme l'animisme, dans les spéculations originales comme le magnétisme animal, dans la doctrine spirite, dans les théories de l'inconscient, etc. Nous sommes reliés par des canaux invisibles, nous vivons au sein d'une même matrice, dans un même monde dont l'essentiel est invisible et insondable par nos sens, notre existence s'inscrit dans une même trame. Dans mon exercice psychiatrique, il m'est souvent donné l'occasion de recueillir les témoignages d'expériences étranges et de constater les effets de situations vécues hors des repères logiques habituels. Parmi ces histoires vécues, de nombreuses impliquent cette nécessité d'un lien, d'une trame. Comme l'a fait Marc, deux courtes histoires, posant chacune à sa façon la question d'un lien. Il ne s'agit pas d'un lien télépathique, mais d'une autre forme de lien qui n'est pas moins mystérieuse.

J'ai connu une patiente dont l'histoire semblait être un incessant recommencement, comme un destin qu'elle ne pouvait fuir. Un même type d'accident rythmait sa vie sentimentale. C'est ainsi qu'elle situait la fin de sa première vie en couple peu de temps après l'effondrement de sa cheminée entraînant un important trou dans le toit de la maison qu'elle louait dans une petite ville de province. Quelques années plus tard elle vivait avec un autre compagnon, dans un cottage en Normandie. Un jour qu'ils étaient absents, un incendie de la maison avait envoyé en fumée une grande partie de la toiture. Peu de temps après, elle se séparait de son compagnon. Ces deux accidents l'avaient terriblement traumatisée, d'autant plus qu'ils réactualisaient le souvenir d'une même histoire, effroyable, dans son enfance en Savoie. Son père était mort écrasé sous les poutres de la maison familiale à la suite d'un éboulement de la montagne. Pour éviter le risque de transformer une biographie dramatique en une série burlesque, je passe d'autres histoires de sa vie qui n'étaient pas sans rapport avec la toiture. Cependant, avec la distance des années qui se sont écoulées, le récit de sa vie met en évidence un arrêt du problème, arrêt d'une façon presque magique. Toute cette répétition semble avoir pris fin à partir de son mariage qu'elle décrit comme un véritable mariage d'amour (auparavant ses vies de couples n'étaient pas officialisées) qui lui a fait prendre le nom de son mari : monsieur Charpentier ! Tout se passe comme si sa vie avait été un long chemin à la recherche d'un autre moi, plus solide qu'un toit. Toi et « toit » avec moi… pour ne pas être sans toit.

L'histoire de cette femme qui finit par trouver la charpente véritable de sa maison peut aussi être mise en parallèle avec cette autre destinée qui semblait marquer la vie d'un patient que j'avais reçu pour dépression. Cet homme remarquable avait accompagné sa femme jusqu'à la mort. Elle était atteinte d'une maladie rare du sang. Des années après cette longue agonie et le décès de son épouse, il s'est remarié avec une femme plus jeune, belle et en pleine santé. Après quelques années de bonheur conjugal des symptômes sont apparus chez cette femme et le diagnostic d'une maladie du sang a été établi, maladie dont le pronostic vital est engagé. C'était très difficile pour lui de supporter cette nouvelle situation et c'est dans le cadre d'une dépression réactionnelle que je l'ai rencontré. Toute son histoire était marquée par la question du sang. Il avait un frère qu'il n'a jamais connu car mort dans les premiers mois de la vie par accident hémolytique. Cette hémolyse était due à une incompatibilité entre le sang de l'enfant et le sang de la mère qui avait produit des anticorps. Dans ses ascendants, une arrière-grand-mère maternelle, d'origine noble, était de « sang bleu ». Elle avait été accusée et condamnée pour un crime de sang. Elle avait donc du sang sur les mains.

Ces histoires ne sont pas rares et nous sommes souvent confrontés à des témoignages de destinées dans lesquelles semble se répéter de façon inexorable des situations étranges, tragiques ou à l'inverse des moments de joie et de succès que nous pouvons rattacher à quelque chose comme un destin. Le mot destin vient du latin *destinare* construit sur la racine *stare* qui signifie « être immobile, être debout ». Le destin n'est pas un mouvement mais au contraire il est bien en rapport avec une attache, un point fixe. Autrement dit, le destin est un « déjà là ».

Le mythe de Terminus me semble dire quelque chose d'essentiel sur la destinée. Terminus était un dieu romain qui, à la différence des autres, avait refusé de céder sa place lors de la construction du temple de Jupiter sur le capitole. Pour garder sa place, il a dû se transformer en pierre. Cette divinité romaine qui refuse de céder la place aux maîtres des dieux illustre remarquablement la question du « déjà là » : quand on croit que tout est terminé, c'est que tout est prêt pour recommencer. Lorsque l'on commence, la fin est déjà inscrite. Terminus était là, au commencement. Le destin nous renvoie aussi à la question d'un « déjà écrit », à la façon d'un roman. Lorsque l'histoire commence, l'histoire est déjà terminée. Tout est là, il n'y a plus qu'à lire.

Cette question du destin est bien connue en psychanalyse. Freud avait remarqué que chez les névrosés il y a une compulsion de répétition, cela signifie que l'on répète des actes en rapport avec un refoulement inconscient. Mais ce qui est refoulé est transgénérationnel. Freud écrit :

> « Il y a des gens qui répètent toujours, à leurs dépens, les mêmes réactions sans les corriger, ou qui semblent eux-mêmes poursuivis par un destin inexorable alors qu'un examen plus précis montre qu'eux-mêmes sans le savoir, se préparent ce destin [1]. »

Il n'est pas rare que chacun de nous ait l'impression d'un destin qui nous poursuit, l'impression d'une orientation démoniaque de l'existence. L'apport de la psychanalyse révèle qu'un tel destin est préparé par le sujet lui-même et déterminé par des influences venant tout aussi bien de la petite enfance que de nos ancêtres dont nous portons la mémoire, une mémoire vivante qui oriente notre présent vers un futur déjà, pour une part seulement, inscrit. L'observation clinique met en évidence des véritables comportements à répétition. Freud parle d'une compulsion de destin. En 1926, il écrit : « J'ai deux dieux : Logos

1. FREUD Sigmund, *Nouvelle Conférence d'introduction à la psychanalyse.*

et Ananké. Soit l'inflexible raison et le destin nécessaire. » Il note l'importance du hasard dans la vie mais le hasard est peut-être l'articulation complexe des déterminismes rencontrés par hasard. Pour Freud il existe un déterminisme des processus psychiques. « Je crois au hasard extérieur réel, dit Freud, mais je ne crois pas au hasard intérieur psychique. » Cela signifie que les processus psychiques ne laissent aucune place au hasard, tout y est articulé et cette articulation répond aux lois de l'inconscient. Mais cette absence de hasard n'exclut pas la liberté de chacun ! Nous sommes libres comme les héros d'un roman, à l'intérieur de l'histoire, libres d'aimer, de marcher, de courir, de croire… et au bout du compte nous finissons par trouver notre place dans la trame des faits et de la contingence. Carl Gustav Jung avait traité la question du hasard avec le concept de « synchronicité », ces coïncidences qui, malgré l'apparence du hasard, ont une explication causale.

J'aime le mot grec *ANANKÉ* qui signifie la destinée ou plutôt la nécessité. Nous trouvons ce mot dans les premières pages de *Notre Dame de Paris* de Victor Hugo. Le mot *ANANKÉ* est gravé sur une pierre de la cathédrale. Qui a écrit ce mot ? À quel moment ? Dans quelle situation difficile ? Tout roman questionne à sa manière le destin. Dans notre livre, nous avons cité Victor Hugo et ses expériences spirites, nous avons évoqué les liens étroits entre la littérature, la poésie et le surnaturel, j'ai présenté la folie, la foi, l'art et le surnaturel comme des « portes ouvertes », des modes d'accès privilégiés, accès à un savoir que ne peut atteindre la raison. Par son style unique (c'est l'essence du style d'être unique !) Marc a rendu témoignage des situations les plus étranges, il nous a dit son scepticisme… et pourtant son étonnement. C'est sans doute là que réside l'immense intérêt de toute réflexion sur le surnaturel : susciter l'étonnement.

Cet ouvrage a été achevé d'imprimer par SAGIM en octobre 2009
sur rotative Variquik
à Courtry (77181)

Imprimé en France

Dépôt légal : octobre 2009

N° d'impression : 11592

L'imprimerie Sagim est titulaire de la marque
Imprim'vert® depuis 2004

Éditions Alphée • Jean-Paul Bertrand
28, rue Comte-Félix-Gastaldi
Monaco